세계관
WORLDVIEW

세계관
WORLDVIEW

A New Global Perspective: Seeing the World as a Whole

김준모 지음

좋은땅

우리 자신과 세계에 대한 우리의 지식, 믿음, 약속 등에 대한 작은 고찰.

세계를 이해하기 위해서는 왜 설명이 필요한지, 어떻게 설명할 수 있는지에 관한 고찰.

세계를 좀 더 두텁게 이해할 수 있다면, 우리의 생각이 좀 더 명확해질 수 있고, 잘못된 판단으로 인생을 망가뜨리거나 억울한 해를 입을 확률이 줄어든다는 것.

따라서 우리 각자는 세계관을 가지런히 머릿속에 정리해 둘 필요가 있겠기에, '세계관'을 나와 세계를 읽는 키워드로 삼아 이 글을 작성하게 되었습니다.

글쓰기 형식은, 비트겐슈타인의 '논리철학논고'에 착안해 간명한 명제적 서술을 의도했습니다.

졸작이나마 많은 분들이 읽고 어떤 방식으로든 도움이 되었으면 하는 바람입니다.

> ※ 세계관, 우리가 사는 세상 이야기 : 결코 가볍지 않은, 그렇다고 무겁지도 않은 이야기
>
> ※ '세상'을 지하, 지상, 천상계 등으로 나누어 생각하는 경향도 있습니

다. 우리가 흔히 말하는 세상(世上)은 지상계(눈앞의 가시적 세계 : 지구, 인간사회)를 뜻합니다. 숨어 있어 보이지 않는 모든 계(경계)들까지 다 포함했을 때, '세계(welt, world)'라는 단어가 생겨납니다.

철학과 논리와 경제와 정치와 국제관계를 넘나드는 두서없는 이야기, 그러나 '세계관'이란 키워드 하나만으로도 모든 것이 통할 수 있습니다. 근본원리나 질서체계는 학자들에게 맡기고 우리는 상식의 세계에서 상상력을 크게 키워 보겠습니다.

앞에서 했던 말과 뒤에서 하는 말이 일관되게 통할 때 '논리적'이라 하고, '생각한다'는 것은 '논리적으로 생각한다'는 뜻을 포함합니다. 판타지 소설의 세계가 아닌 한에는 발 달린 구체적 삶의 세계에선 마땅히 그렇습니다.

"내일은 내일의 태양이 뜬다"는 말처럼 시시각각으로 변하는 세계를 이해하기 위해서 우리는 낡은 지나간 라떼 이야기들에 귀 기울이기보다는, 매일 매시간 새로운 것들(뉴스, new-s)을 접하며 살아갑니다. 거기서 가짜뉴스들을 골라내고 진실을 구하는 게 또한 인지상정입니다.

최소한의 비용으로 최대의 이익을 얻으려는 게 '경제'인 것인데, 경제를 앞서 이끌어 가는 최고 기업가들은 '사람경영'을 최고로 칩니다.

그러나 '사람경영'보다도 더 중요한 것은 '생각경영'입니다. 즉, '사람을 모으는 일'보다 '생각을 모으는 일'이 더 중요하다는 뜻입니다. 오늘날의 정치 현상도 그런 방향으로 나아가고 있습니다.

단순한 생각들에서 '가치 있는 생각'과 '이익적 생각'을 뽑아내는 작업은 정치, 경제, 사회 등 거의 모든 영역에서 일어납니다.

"네가 알고 있는 걸 1분 동안 말해 봐"(과거), "네가 관심 있는 걸 1분 동안 말해 봐"(현재), "네가 하려는 걸 1분 동안 말해 봐"(미래)라고 연속해 질문을 받았을 때, 우리 각자는 어떤 대답을 할지 스스로 대답을 찾아보며 생각하다 보면 '생각의 정리'가 됩니다.

생각은 기본적으로, '육하원칙(언제, 어디서, 누가, 무엇을, 어떻게, 왜)'에 따르면 됩니다. 다음으로 생각은, '스무고개'를 하듯이 가장 큰 범주(category)에서 작은 범주로 생각을 좁혀 가면 됩니다. 그리고 마지막으로, 생각은 기준을 가지고 생각해야 합니다. 그래야만 말을 함에 있어서 전제와 결론으로 이어져, 공감과 설득력 있는 주장(판단)을 낳습니다.

이렇게 나름의 기준을 가지고 생각들을 모아서 '세계'를 생각해 보겠습니다.

세계관

1. 진리는 딱 하나뿐입니까? 그리고 하나라면 그것을 확실히 알 수 있습니까? 그리고 완전 믿습니까?

2. 네, 맞습니다. 진리는 딱 하나입니다. 옛날 황희 정승처럼 "너a도 옳고, 너b 또한 옳다"라고 할 수 없습니다. 마찬가지로 "너a도 틀리고, 너b 역시 틀렸다"라고도 할 수 없습니다. 진리는 반드시 존재하니까요.

3. 결론은, 진리는 존재하며 진리는 하나라는 것입니다. 하나가 맞으면 다른 하나는 반드시 거짓입니다.

4. 그런데 '세계'란 관점에서 보면 이것이 다가 아닙니다.

5. 세계를 보는 관점은 크게 두 가지가 있습니다.

6. 세계를 닫아 놓고 본다면, 위의 관점이 맞겠지만, 우리에게 아직 알려져 있지 않은 미지의 세계라는 관점에서는 오히려 확실한 것보다는 불확실한 것이 너무나 많습니다.

7. 그래서 불확실한 세계로서, 미래로 열려 있는 또 하나의 세계를 상정해야만 합니다.

8. 이 '열린 세계'에서는 앞서의 '닫힌 세계'에서처럼 진리가 하나가 아닐 수도 있습니다.

9. 귀납법 연구에서 제가 착안한 것이 바로 '세계관'의 도입입니다.

10. 논리에 의해 닫힌 세계는 '연역의 세계'이고, 논리를 확장시키는 열린 세계는 '귀납의 세계'로 본 것입니다.

11. 우리가 흔히 쓰는 "논리적"이라는 말은 정확히는 '연역적'이라는 뜻입니다.

12. 수학에 비유한다면, '사칙연산에 닫혀 있다'로 이해될 수 있는 것이, 논리학에서는 '연역논리 체계에 닫혀 있다'라고 말할 수 있습니다.

13. 이 안에서는 100% 참이라야만 진리입니다. 그 외에는 다 거짓입니다. 99%도 거짓입니다.

14. "1 더하기 1은 2다"라는 것은 '수학 세계' 안에서는 언제나 참입니다. 그런데, "물방울 하나에 물방울 하나를 더하면 물방울 하나인데?"라고 말하는 것은 수학 법칙을 벗어나 '과학의 세계'로 들어서는 게 됩니다.

15. 과학의 세계는 연역의 세계가 아니라 귀납의 세계가 됩니다.

16. 과학적 방법은, 관찰과 실험에 의해서 진리가 밝혀집니다. 따라서 그로부터 귀납적 추리로 진리라는 결론에 도달하는 것으로, '귀납적 지식 체계'라고 말할 수 있습니다. 즉, '귀납의 세계'인 것입니다. (가설에 의한 '이론적 지식'은 따로 언급할 예정입니다)

17. 여러분, 혹시 '약속'에 대해서 생각해 보셨나요?

18. 우리가 살고 있는 세계가 바로 '약속의 세계'입니다.

19. 고등학교 때, 도서관에서 공부하던 어느 날 잠시 쉬는 시간에 친구에게 대뜸 물었죠. "야, 로그(log)가 뭐냐?"라고요. 문제를 기계적으로는 푸는데, 이걸 왜 하는지 궁금했고, 내내 고민 중이었거든요. 친구가 잠시 생각하더니, "약속이지, 뭐"라고 툭 던지듯 말하는 겁니다. 저는 속으로 부르짖었죠. "유레카!"라고. 그때의 기억이 지금까지 이어지고 있습니다.

20. 사칙연산도, 로그도, 미적분도 전부 '약속'이란 걸 그때 깨달았습니다.

* 미적분의 이해 : "수학은 크게 기하와 대수로 나뉘어. 기하는 삼각형, 원 등 '모양'을 다루는 반면에, 대수는 인수분해, 방정식, 부등식 등 '연산'을 다루지. 그러면, 미적분은 무엇을 다룰까? 바로 '변화'를 다루는 게 미적분이야. 그 가운데, '기울기'의 변화를 다루는 게 미분이고, 운동량(면적, 부피)의 변화를 다루는 게 적분이야. 그러면, 많은 경제학자들이 현재의 경제위기에서 우리들에게 설명해 주는 건 어떤 걸까? 바로, 기울기의 변화를 주로 말해 줘. 수많은 막대그래프와 선그래프를 동원해서, 주식과 채권이 이렇게 올랐고 저렇게 내렸다면서, 그리고 1970년대엔 이런 기울기 변화가 있었다고 하면서, 현재와 비교해서, 미래에 대한 예측을 해 주지. 그런데, 그들이 간과하는 부분이, 바로 '적분적 분석'이 아닐까? 가령, 세계 주식시장 시가 총액이 121조 달러이고, 채권시장은 140조 달러라지? 부동산 시장의 경우는 그 두 배 가량이 된다고 해. 그런데, 최근 짧은 기간에, 주식은 21조가, 채권은 17조가 날아가 사라져 버렸다는 거야." [출처 : 공포의 경제학 (3), 본 저자 작성]

21. 다른 건 어떨까요? 도덕과 윤리도 역시 약속입니다. (과학에 대해선 뒤로 미룹니다)

22. '의(義), 친(親), 별(別), 서(序), 신(信)'을 알고 계시죠? 삼강오륜 중에 오륜(五倫)만 떼어 냈습니다. 현대에도 통용되는 약속들입니다.

23. 군더더기 생략하고, 부부유별(夫婦有別) 하나만 언급하겠습니다.

24. 오늘날 여성의 시각에서 상당히 불편한 약속입니다. 안사람과 바깥사람으로 구별되는 게 남녀차별로 인식될 수 있습니다. 즉, '차별이 강요된 약속'이라는 거부감 때문입니다.

25. 그러나 한편으로, '화성에서 온 남자, 금성에서 온 여자'라는 책은 거부감 없이 읽습니다. 좀 아이러니하죠?

26. 차이를 모르겠습니다. 남녀평등(平等)이 맞을까요, 남녀공정(公正)이 맞을까요?

27. 이런 모순되는 관점이라면, "여자도 군대를 가야 한다"라는 주장은 그치지 않고 계속될 것 같습니다.

    ※ 아리스토텔레스 이래로, '같은 것은 같게, 다른 것은 다르게'라는 보편적 정의(justice)에 대한 정의(definition)를 가져왔습니다. 하지만, '다른 것을 같게' 하자는 이상한 주장이 튀어나옵니다. 가령, 군가산점 문제로 시시비비가 생겨나자, "여성도 군대에 가라"는 식의 '못난 정의(justice)'를 주장하기도 합니다. 이렇게 좌충우돌하면서 조금씩 앞으로 나아가고 있는 중이라고 보입니다. [출처 : 2030 여성, 약자

들의 항거와 반란, 본 저자 작성]

28. 차라리 '같은 것은 같게, 다른 것은 다르게'라는 정의(正義)의 원칙을 따르는 게 맞다고 봅니다. 각자 자기가 더 잘할 수 있는 것을 간섭 없이 하는 게 옳다고 봅니다.

29. 무조건적, 기계적으로 남녀평등을 주장한다거나, 가짜 미투를 성행시킨다거나 하는 것은 서로 간의 적대감만 불러일으킵니다. 문제의 해결이 아니라 문제를 더 확산시키는 셈이죠.

30. 마무리하겠습니다. 도덕규범과 윤리규칙은 결국 약속입니다.

31. 상식 역시 약속입니다. 따라서 몰상식과 파렴치함은 약속을 깨는 행위가 됩니다. 과거에는 국지적, 국한적인 상식이었겠지만, 지금은 과학을 담보한 보편의 수준에 이르는 글로벌 상식이라고 보아야 합니다. 절대 우습지가 않습니다.

32. 종교도 약속입니다. 성경의 '말씀'은 진리의 말씀이고 약속의 형태로 표현됩니다. 구약(지난날의 약속) 혹은 신약(새로운 약속)으로.

33. 불경도 부처님의 말씀이며, 역시 약속입니다.

34. 정치도, 경제도 약속입니다. '공약', '신뢰', '신용'이란 단어들이 모두 약속을 가리키고 있습니다. 정치가 약속을 어기면 정쟁을 낳게 되고, 경제가 약속을 어기면 돈맥경화와 신용위기가 닥칩니다. 제가 블로그에 썼던 글 하나를 소개합니다.

약속의 위기 (2022.11.6.)

1. 파도는 한 번만 오고 끝나는 게 아니다

'김진태 레고랜드 사태'와 '10.29 이태원 참사' 후엔, 채권시장의 붕괴 위기가 코앞에 대기 중이다. 그 후로도 여럿 대기 중인 상태고.

- 김진태 사태 → 경제·시장적 약속 파기
- 이태원 참사 → 사회적·정치적 약속 파기

2. 흥국생명 사태

2017년 11월 9일 외국투자자들에게 달러 영구채 5억 달러 발행. 이자(금리)는 4.48%.

시장의 믿음(약속) : 영구채는 5년 후에 갚는다.

5년 후인 2022년 11월 9일, 콜옵션 미행사(영구채 조기상환 권리 포기, 즉 상환하지 않고 연장하겠다는 것) → 약속 파기

파기 이유 : 12%의 이자를 주기 아까워서.

시장 상황 : '김진태 사태' 이후 자금 경색과 채권 금리 폭등 및 환율 폭등(원화의 평가절하).

3. 약속 파기의 연쇄

동부생명, 300억 원 콜옵션 미행사 발표.
→ 약속 파기

한화생명, 10억 불 콜옵션 미행사(예측, 2023년 4월).
→ 약속 파기

4. 영향

세계는 약속의 세계다. 경제도 약속이다. 그 약속 시스템이 계속해서 무너지고 있다. 시장붕괴는 필연적 결과로 나타날 것이다.

35. 이렇게 볼 때 약속 아닌 것을 찾아보기가 거의 불가능할 지경입니다. 따라서 우리는 '약속의 세계' 안에 들어와 있다고 보입니다.

36. 다시 '세계관'으로 돌아오겠습니다.

37. 단순히 '각자 세계관이 다르다'는 상투적인 생각을 펼치려고 하는 것은 아닙니다.

38. 집 안에서 옳은 것이, 집 밖에 나가서는 거짓으로 바뀌는 것이 아니라는 것을 전제합니다. 즉, 같은 참인데 어떻게 다른 모습으로 나타나는가 하는 것을 보여 드리려고 합니다.

39. "안에서 새는 바가지, 밖에 나가서도 샌다"라는 속담이 있습니다. 거꾸로 뒤집어서 말하면(논리적 대우), 사회생활이 바르면, 가정교육도 잘됐을 거라고 생각할 수 있다는 것입니다.

40. 그러나 "밖에서 개차반은 집에서도 개차반일 것이다"라고 말하는 건 논리적으로 타당하지 않습니다.

41. 가령, 전 검찰총장이 어떤 일가족에게는 가혹하게 수사했지만, 자신의 가족에게는 너무나 관대하더랍니다.

42. 가령, 주씨 성을 가진 국회의원이 공개석상에서 "문재인이!"라고 막말을 한 적이 있었는데, "당신은 집에서 자기 아버지를 '아버지'라 하지 않고 '주××이!'라고 이름을 부르시는가?"라는 비판과 비난을 받았습니다. 정상적이라면, "문재인 대통령은"이라고 해야 마땅한 것이기에.

　　※ 대우(對偶 contraposition) : "p이면 q이다"라는 명제에 대하여, "q가

아니면 p가 아니다"라는 명제로 나타냅니다. "어떤 명제가 참이면 그 대우도 반드시 참이다."(대우에 의한 증명)

43. 닫힌 세계(연역세계) 안에서는 진리 값의 변동이 없지만, 열린 세계(귀납세계)에서는 변동이 있고 변동이 클 때도 있습니다.

44. 가령, 질병을 매개로 의사가 환자를 치료할 때, 절대법칙이란 건 없습니다. 의사의 경험과 노하우가 의사들마다 각기 다르므로, 흔히 말하는 명의(名醫)란, 경험이 많아서 잘 고친다는 의미가 됩니다. 병원에 가면 반드시 낫는다는 보장이 없습니다. 허준의 '동의보감' 역시 경험과 노하우의 축적물입니다. 현대의학도 대동소이합니다. 이것이 열린 세계에서 일어나는 흔한 일입니다.

45. 연역 추론은 '증명'하는 데 쓰이고, 귀납 추론은 '설득'하는 데 쓰입니다.

46. 진리가 하나라면 굳이 설득할 필요가 없습니다. 설득이 필요한 이유는, 각자가 다른 세계관에서 다른 진리를 가지고 있기 때문입니다. 달리 말해서, 서로 다른 것을 믿는다는 뜻이기도 합니다.

47. '믿음'의 문제로 잠시 넘어가겠습니다. '믿음의 세계'로 들어서시게

되는 겁니다.

48. 앎(인식, 지식)과 믿음 사이에는 간극이 있습니다. 이 간극이 크면 혼란이 일어납니다.

49. 믿음을 기반으로 해서 앎을 구성하시는 분도 계시고, 앎을 통해서 믿음을 가지시는 분도 계십니다.

50. 전자는 '설명할 수 없는 것'에 관해서이고, 후자는 '모든 것이 설명 가능하다'는 믿음에서 출발합니다.

51. 우리가 사는 세계는 앞서 말했듯이, '약속의 세계'입니다.

52. 약속에 대한 믿음과 그 믿음을 뒷받침하는 지식이 '세계'를 구성한 다고 보시면 됩니다.

53. '세계', '약속', '믿음', '지식' 이 네 단어가 '세계'를 이해하는 키워드가 됩니다.

54. 우리는 몇 가지 질문을 던질 수 있습니다.

- 세계가 있다면 어떤 세계인가?
- 세계를 어떻게 알 수 있는가?
- 세계는 원래부터 있는 것인가, 우리가 만든 것인가?
- 세계가 주는 약속을 우리는 반드시 지켜야 하는가?
- 세계에 대한 우리 지식은 어디까지가 한계인가?

55. 우리의 지식 체계는 약속 체계라고 말씀드렸습니다. 세계가 주는 약속은 인과법칙이고, 우리 스스로 만든 약속은 도덕법칙, 종교적 신념, 예술적(미적) 조화와 균형입니다. 즉, 眞善美聖의 주요 가치들입니다.

56. 우리가 무엇을 우선으로 생각하든, 진리의 약속과 믿음은 "버릴 수 없다"는 사실입니다.

57. 아마도 "거짓은 참을 이길 수 없다", "빛은 어둠을 뚫고 나온다", "겨울이 가면 봄은 온다"는 믿음과 희망이 있기 때문일 것입니다.

58. 진리를 찾으려는 최초의 노력이 서양 고대 그리스에서 소크라테스에게서부터 시작됩니다.

59. 모든 일어나는 일들을 의인화하고 '이야기'로 전해진 신화의 시대

를 거쳐서, 탈레스에서 데모크리토스까지 자연철학자들의 최초의 '설명'이 있었고, '대화법'이라는 독특한 방식을 소크라테스는 '방법' 으로서 사용했습니다.

60. 대화법은 곧 '질문과 대답'입니다.

61. 질문-대답 방식이 체계를 이루어, 지금의 '연역'과 '귀납'의 방법으로 자리를 잡았습니다.

62. '과학'이란 말은 '방법'이란 말과 동의어로 이해하셔도 됩니다.

  ※ 헤겔의 변증법, 마르크스의 유물변증법, 키에르케고르의 질적 변증법 등 변증법의 시조는 앞서 말한 소크라테스의 '대화법'이며, '변증론'이라고도 불립니다.

  ※ 연역법의 시초인 삼단논법은 아리스토텔레스가, 귀납법은 그 후 2천 년이 지난 근대에 와서 베이컨이 체계적으로 만듭니다.

제 블로그에 썼던 글 하나를 소개합니다.

과학이란 무엇인가? (2023.5.17.)

'과학(science)'이란 말이 아무런 정의(定義)도 되지 않은 채 마구잡이로 남발해서 남용하는 경우가 많아졌다.

'science'의 어원은 라틴어 'sciens', 즉 '잘 아는'이라는 뜻에서 찾을 수 있는데, 문제는 '어떻게 잘 아는가?'가 핵심 문제가 된다.

그 시대의 전문가라는 사람들이 합목적적으로 합의에 도달한 방법을 각 시대마다 선택된 터이고, 근대 이후로 과학적 지식을 '가장 정확한 지식'으로서 공인된 것이다.

따라서 과학(science)이란 말은, 방법(method)이란 말과 동의어라고 보면 된다.

그래서 '과학적'이란 말도 결국은 '과학적 방법'을 뜻한다.

크게 두 가지로 나눠 보면, 실험과 관찰의 방법과 논리적 추론의 방법이 그것이다.

그렇다면 방법이란 무엇인가?

1. 지식보다 더 중요한 것은, 입장, 관점(view-point), 시각이다.
2. 관점의 전환은, 새로운 철학을 탄생시켰고, 이러한 관점을 철학에서 입장 또는 방법(method)이라 하고, 넓은 의미로 논리(logic)라 부른다.
3. 기본 태도는, 기존 상식을 버리고 새로운 관점에서 사물을 보려는 태도다.
4. 일상생활에선, '시행착오'의 방법을 自覺 없이 사용한다. 이를 경험적 암중모색(blind empirical groping)이라 칸트는 불렀다.
5. 그 결과, 낮은 단계의 소박한 발견(invention)과 모방(imitation)을 방편으로 예

술, 도덕, 종교 등을 만들고 거기에 비판과 구성적 사고를 도입하여 철학, 과학 등의 높은 단계로 진화했다.

6. 원시인의 소박한 추리는, 物活論(animism)과 精靈(spiritism)의 형태를 띤, 呪術(magic) 및 원시종교이다.

7. 어원은, (G) methodos(meta+hodos), (L) methodus.
   * hodos = path(방향, 길)
   '길' → 목적에 도달하는 방도 → 방법론(methodology)

8. 정의하면, '목적을 달성하기 위한 수단과 도구'다. 즉, 과학 자체가 절대적 진리니 목적이 이니다.

63. 우리의 지식(앎)은 '설명과 예측'을 위한 것입니다.

64. 지식을 쌓는 것은 어떤 의미일까요? 그것은 설명과 예측이 필요하기 때문입니다. 현상의 설명과 미래의 예측을 할 수 있어야 세계를 이해하고 안심하고 살아갈 수 있기 때문입니다.

65. '안다'는 것은 '설명할 수 있다'는 뜻입니다. 역(대우)으로, 설명할 수 없다면, 결국은 모른다는 것이며, 지레짐작만 한다는 뜻입니다.

66. 마찬가지로, 아직 닥치지는 않았지만 닥쳐올 미래를 '알 수 있다'는 믿음은 '예측할 수 있다'는 믿음입니다. 그러나 안타깝게도 예측할 수 없기 때문에 누구에게나 미래는 늘 불안하고 불확실합니다.

※ 미래는 존재할까요?

: 과거는 기억으로서만 존재하며, 미래는 앞으로 나타날 현재이므로, 과거와 미래는 존재하지 않습니다. 존재하는 것은 오직 현재뿐입니다.

67. 가령, 장님이 코끼리를 만진다고 했을 때, 단정하기를 좋아하는 사람은 "뭐, 뭐다"라고 쉽게 판단해 버립니다. 그 결과는 대부분 오판으로 끝납니다.

68. 미래의 관점에서 보면 우리는 눈 뜬 장님인 셈입니다.

69. 그래서 참/거짓의 문제가, 지식(episteme, knowledge)의 문제가 아닌, 주장(doxa, opinion)의 문제가 되어 버려 논쟁(argue)으로 빠집니다.

70. 그 까닭은 각각이 만져서 알게 된 코끼리 몸 부위가 코, 귀, 다리, 몸통, 상아, 꼬리 등 각각 달랐기 때문입니다. 즉, 각기 다른 전제로부터 각기 다른 결론에 도달했기 때문입니다.

71. 무언가를 정확히 알려면, 기준을 세워서 생각하고, 전제를 가지고 말해야 합니다.

72. 전체를 각각이 아닌 통으로(totally) 보지 못하는 우리 인식의 한계 때문입니다. 미래에 대한 지식은 특히 그렇습니다.

73. 내일 주식 값이나, 한 달 뒤 집값을 예측한다는 것은 거의 불가능한 일입니다. 그러나 예측을 해야만 하기에 설명하려는 사람들도 있습니다. 흔히 애널리스트 혹은 이코노미스트라 불리는 이른바 전문가들입니다. 물론 각각이 설명과 해석이 다릅니다.

74. 족집게 무당으로 불리는 주술사의 예측은 어떤가요? 믿을 만한가요?

75. 믿음을 주기엔 턱없이 부족합니다. 그 이유는, 예측만 있지, 설명이 없기 때문입니다. 그러니 당연히 증명할 길도 없고 반박(반증)할 길도 없습니다. 결국은 '믿거나 말거나'가 되어 버립니다.

76. 칼 포퍼(K. Popper)는, 반증할 수 없는 것은 지식이 아니라고 했습니다. 즉, 반증할 수 있는 것만이 신뢰할 수 있는 지식의 영역이라는 것입니다.

77. 기적은 어떻습니까?

78. 100명 중 100명이 맞추면 그건 기적이라고 부르지 않습니다. 로또

당첨처럼 100명 중 99명이 틀리고 겨우 한 명만 맞았을 때 기적이
라고 말할 수 있습니다.

79. 그런데, 한 명의 당첨에는 99명의 희생을 전제한다는 것을 상기해
야 합니다.

80. 단지 한 명을 천국에 보내기 위해 99명을 지옥에 보내야 한다면,
만일 그런 지식이 있다면, 여러분은 참된 지식으로서 받아들이시
겠습니까?

81. 여러분이 장군이라면, 포로가 된 일병 하나를 살리기 위해 99명의
부대원들을 죽음으로 내모는 선택을 하시겠습니까?

82. 지식도 마찬가지입니다. 그래서 지식의 '보편성'을 찾는 것입니다.
100명 모두에게 진리가 되고, 100명 전부를 살리는 지식을.

83. 진리를 영구히 '보존'하려는 것은 연역적 지식이고, 진리를 새롭게
'발견'하는 지식은 귀납적 지식입니다.

84. 따라서 연역추리는 보존적 추리이고, 귀납추리는 확장적 추리(am-
pliative inference)가 됩니다.

85. 귀납추리를 할 때, 전제들을 인정하면서 결론을 부정하게 되더라도 '모순'이라고 하지 않고, 그저 "불합리하다"고 말합니다.

86. 연역추리에서만, "타당하다(valid)" 혹은 "부당하다(invalid)"고 표현합니다.

87. 아르키메데스가 목욕탕 안에서 외쳤던 "유레카!(eureka, 찾았다)"에서 알 수 있듯이, '지식의 발견'에 쓰이는 추리 방법이 귀납법(induction)입니다.

　※ 만일 "하늘 아래 새로운 것은 없다"라는 성경 말씀을 말하신다면, 발견이 아닌 계시의 성격을 띠므로 논리적, 과학적 설명이 불가능해집니다.

　※ '줄탁동시(啐啄同時)'란 말이 있습니다. 알 껍질을 깨기 위해서는 안에서 병아리가 쪼고, 밖에서도 어미 닭이 같은 곳을 동시에 쪼아야 한다는 뜻입니다. '혁신(革新)'을 가리키는 말로, 아래에서 우리가 발견(發見)하려는 노력과, 위에서 내려주시는 계시(啓示)가 동시적으로 이루어진다면, 발견의 한계와 형이상(形而上)의 계시가 서로 응답함으로써, 지식의 점프가 이루어질 수 있다는 데에는 저도 동의할 수 있습니다.

88. 귀납으로 얻은 지식은 우연(개연성)에 기댈 수밖에 없으므로 확률적 지식이 될 수밖에 없습니다.

89. 가령, "이 물은 80%는 믿을 수 있으니까 그냥 먹자"는 식이 되는 겁니다.

90. 연역과 귀납에 관련해서, '필연'과 '우연'에 대해 살펴보겠습니다.

91. '필연관계'를 우연관계에 대입하려는 생각이 연역이고, '우연관계'를 필연관계로 파악하려는 생각이 귀납입니다.

92. 가령, '모든 사람은 죽는다'라는 사실은 판단에 있어서 우연적(경험적) 판단 결과입니까, 필연적(선험적) 판단 결과입니까?

93. 또 하나, 부모와 자식 관계를 천륜이라 하고, 부부 사이를 인륜 관계라고 합니다. 부부 사이에서는 이혼을 통해서 서로 남남이 될 수 있는 우연 관계이지만, 천륜은 끊을 수 없는 필연의 관계라고 여기는 것이 일반 상식입니다.

94. 필연의 연(然)은 '그렇다'는 뜻으로, 필연은 '반드시 그렇다'는 뜻입니다. 그러면 무엇이 그렇다는 겁니까? 바로 '관계'가 그렇다는 뜻

입니다.

95. 그렇다면 우연은? '그럴 수도 있다', '그럴 가능성이 있다', '그럴 개연성이 있다', '그럴 확률이 있다'라는 의미입니다.

96. 대전제 '모든 사람은 죽는다'에서, 예외가 생긴다면 그 명제는 필연이 아닌 우연적 속성을 지닌 명제이거나, '거짓명제'가 됩니다. 왜냐하면 어떤(some)이 아니라 모든(all)이라고 전제했으니까요.

97. "예수님이 부활하셨다"고 말하거나, '환생'이라는 단어를 말할 수는 있겠지만, 참이나 거짓으로 판명(clear&distinct)할 수 없는, 즉 증명되지 않는 주장은 논리적으로 배제됩니다.

98. 가령, "미니스커트 길이가 짧아지면 경기가 좋아진다"라는 판단은 우연한 경험에서 발견된 판단 결과로, 미니스커트와 경기 사이에서는 필연적 관계를 찾을 수 없습니다. 제가 블로그에 썼던 글 하나를 소개합니다.

생각의 함정 (2023.8.20.)

"미니스커트 길이가 짧아지면 경기가 좋아진다"는 시장의 루머(속설)가 있어. 그러면 반대로, 경기가 좋아지면 미니스커트가 짧아지나?

워렌 버핏의 일화가 있어. 어느 날 구두를 닦는데 구두닦이 청년이 주식을 샀다며 입에 거품을 물고 주식 얘기를 하더란 거야. 버핏은 돌아오자마자 곧바로 자기 주식들을 모두 팔아 버려서 위기를 모면했다는 이야기. 구두닦이까지 주식을 살 정도면 시장 과열이고 곧 꼭지에서 내리막길밖에는 없단 판단이었다더군.

수영장에 물이 빠지고 나면 누가 수영복을 입었는지, 안 입었는지 알게 된다는 버핏의 얘기도 있어. 결국 누가 거품인지는 뚜껑을 열어 봐야 한다는 거겠지.

이런 솔깃한 이야기들을 들으면 다들 무슨 생각을 하실까?

우리는 말야, 항상 결과만 보고 말을 해. 그러면서 자주 결과와 원인을 뒤바꿔서 생각을 하지. 그래서 결국은 오판을 해서 실수를 하곤 하지.

가령 위에서, 미니스커트 길이가 짧아진 건 원인이 아니라 결과인 거지. 경기가 나빠졌다는 건 결과가 아니라 원인인 거고. 따라서 미니스커트와 경기 사이클의 상관관계를 뒤바꾸면 오판을 낳게 되는데, 웃픈 건 우리가 아주 상습적으로 그런 성급하게 섣부른 판단을 한다는 거야.

 * 경제학자 조지 테일러가 '햄라인 지수'(1926)라고 하는 상관관계를 연구, 발표해서 당시엔 큰 인기를 끌었지만 오늘날엔 전혀 맞지가 않지.

버핏의 얘기도 마찬가지지. 구두닦이의 주식 매입(결과)과 주식시장 과열(원인)

의 상관관계에서, 버핏은 결과를 보고 원인을 판단한 거지.

버핏의 수영장 얘기는 반대의 얘기가 돼. 수영장 물이 빠졌을 때, 즉 거품이 빠졌을 때는 미래의 사건 결과 예측(금융위기)인 셈인데, 수영복을 입지 않은 사람들(부실자산들)은 현재의 원인이 되는 거겠지. 즉, 결과를 예측하고 그로부터 원인을 추론하는 셈.

원인과 결과를 뒤집어서 생각하는 또 하나의 예가 있어. 경제학 박사인 박종훈 기자의 얘기를 한 번 들어 보자고.

"고금리가 호재다. 금리가 높았을 때 주가가 올랐다는 거다. 그런데 이건 원인과 결과가 거꾸로 된 거다. 경제가 좋았을 때 금리가 높았던 적이 많았다. 지금처럼 금리가 높은 것은 물가가 급등했기 때문이다. 고물가는 불황과 같이 올 수 있기 때문에 고금리는 결코 호재가 아니다. 전에 고금리가 왔던 시기를 잘못 해석하면 오판을 할 수가 있다."(박종훈 기자, '박종훈의 경제한방')

결국 우리는 원인을 먼저 보는 법이 없어. 오로지 결과를 보고서야 원인을 생각해 내는 것뿐이지. 그래서 자주 오판을 하게 돼. 원인과 결과를 바꿔서 상관관계를 판단하려는 우를 범하게 돼.

이건 전후관계를 먼저 따져 보지 않는 성급함에서 기인하지. 말하자면 '수레가 말을 끄는 형국'의 '자기 생각의 함정'에 자주 노출된다는 얘기. 결국 자기확신의 토대가 논리적 분석과 종합이 아니라, 자기합리화의 기대심리가 된다는 것. 당연히 오판과 착각의 위험을 안게 되겠지.

여기에 해당되는 논리적 오류들 가운데는, 발에다 신발을 맞추는 것이 아니라 신발에다가 발을 맞추려 시도하는 '수레를 말 앞에 놓는 오류'가 하나 있고, 전후관계를 인과관계로 착각하는 '전후즉인과의 오류'로서 '원인 오판의 오류'라고도 하고 넓게는 '거짓 원인의 오류'라고 불리는 것을 또 하나 들 수 있겠다.

99. 귀납추리의 결과로 얻은 지식, 즉 귀납적 진리는 '확률적'입니다.

100. 수학과 논리학도 완벽하지는 않습니다.

101. 완벽하다는 것은, '논쟁의 여지가 없다'는 뜻입니다.

102. 가장 논쟁적인 학문이 철학입니다.

103. 그런데 수학과 논리학에도 철학이 들어 있습니다.

104. '집합론'을 그 예로 들 수 있습니다.

105. 집합론의 '공집합'을 보면 쉽게 알 수 있습니다. 수(數)로 표현하면 '0(제로)'입니다.

106. 가령, '미국 여왕'이나 '유니콘' 같은 개념은 똑같이 '공집합'입니다. 즉, '원소가 없다'는 뜻입니다. 숫자로 표시하면 똑같이 '0'입니다.

107. 하지만, 미국 여왕과 유니콘을 '같은 것'이라고 볼 수 없지 않습니까?

108. 그래서 이런 문제는 논리학이나 수학의 영역이 아니라, 철학의 영역으로, '인식론'에서 다룹니다.

109. 지금까지 '세계', '믿음', '약속', '지식', '관계'에 관해서 말씀드렸습니다. 정리합니다.

- 연역세계/귀납세계 : 닫힌 세계/열린 세계
- 앎과 믿음 : '무엇이 우선인가?' 사이에서 고민
- 약속의 세계 : 지식 체계 = 약속 체계
- 지식 : 설명과 예측
- 관계 : 필연과 우연

110. '신화의 세계'로부터 시작해서, '철학의 시대'를 거치고, 다시 '종교의 시대'를 거쳐, '과학의 시대'로 들어서다가, 또다시 '정보의 시대'에 이른 우리의 세계는 시대마다 다른 옷을 입었었지만, 공통인 것은 '지식체계의 구축'이라는 점입니다. 그리고 앞으로는 인공지능(AI)의 시대로 들어서게 됩니다.

111. 한 시대와 다른 한 시대가 완전히 끊긴 것이 아니라, 세계관의 중

심이 이동했다고 보시면 됩니다.

112. 끊기는 것은 세계가 아니라, 세계에 대한 우리의 '인식'입니다.

113. 세계는 연속으로 이어지지만, 우리 인식은 불연속으로 '끊어서 생각한다'는 것입니다.

114. 부모, 자식을 나누고, 형제를 나누고, 사촌과 팔촌으로 확장해 나간다는 것, 그리고 다시 혈족과 지역을 구분하고, 학연과 지연을 형성하는 것은, 우리가 '끊어서 생각한다'는 증거입니다. 흐르는 강을 상류와 하류로 나누는 것이 또한 그렇습니다.

115. 그로부터 '다름(차이)'이 생기고, 다시 '차별'로 변질되고, '다름'이 '틀림'으로 왜곡되는 사회 · 문화현상까지 낳습니다.

116. 어떤 분들은 대기권 밖으로 누리호를 쏘아 올리지만, 어떤 사람은 손바닥에 '王'을 새기고 다닌다는 것, 이 모두를 함께 이해하시려면, '인식의 세계'는 똑똑 끊어 놓더라도, '세계'는 그대로이고 인식의 중심만 이동했을 뿐, 세계는 여여하다는 것입니다. 즉, 끊기지 않고 항상 그대로라는 겁니다. 제가 블로그에 썼던 글 하나를 소개합니다.

범주의 세계 : 세계와 나 (2022.5.18.)

세계의 이해, 나 자신의 이해…!!

뭐, 논문 쓰는 것도 아니니까 그냥 편하게 얘기할게.

철학에 보면, 존재론과 인식론이 있어. 존재론은 세계에 관한 설명이고, 인식론은 나에 대한 설명이지.

세계는 연속성을 띠는 데 반해, 우리의 인식(앎)은 단절과 분절해서 이해하지. 즉, 끊어서 생각한다는 거야. 그래서 세계와, 그 세계에 대해서 내가 아는 것과 일치한다는 게 결코 쉽지가 않다. 그래서 진리 혹은 진실을 향한 노력들이 눈물 날 정도로 애처롭잖아.

세계를 한꺼번에 통째로 전체로 모두 다 알고 이해한다는 건 완전 불가능해. 최고로 발전된 인공지능한테도 불가능하지.

우리 인식은, 연속되는 세계를 불연속으로 끊어서 생각한다고 했는데, 이걸 '범주적 사고'라고 보면 돼. 즉, 카테고리(항아리)에 담아 두어서 생각한다는 거지. 이걸 '개념 있는 사고'라고도 하는 거지. '무개념'과는 대비되는.

마침 오늘 5.18이니 전두환을 잠깐 얘기해 보자구. Y는 걸핏하면 "국민을 위해서"라는 말을 자주 쓰는데, 얼마나 공허하게 들려? 전두환도 "국민을 위해서"라고 자주 말했거든.

하지만 전두환은 국민을 향해 총을 쐈거든. 국민은 이에 대항해서 싸웠고, 이를 우린 '5.18 광주 민주항쟁'이라고 개념 정립을 했지.

여기서 우리는 다시 생각해. 과연 "국민을 위해서"라는 말은 무슨 뜻일까? '무엇을 어떻게'라는 내용이 없으면, 아무런 뜻도 담기지 않은 무의미한 발언인 거지. 이걸 칸트는 "내용 없는 사상은 공허하다"고 한 거잖아. 즉, 항아리만 있고, 물은 없는 거야.

얘기가 지루해질까 봐 속도를 좀 높여 볼게.

고대, 중세, 근대, 현대, 이렇게 세계를 커다랗게 시간별로 끊어서 생각하지? 이게 범주적 사고야.

누가 집 보러 왔어. 싱크대, 화장실, 안방, 건넛방, 베란다 다 보여 줬는데, 다 보고는 "집은 어디 있어요?"라고 물어본다면 좀 이상하지? 이걸 논리학에서 범주 착오(카테고리 미스테이크)의 오류라고 불러.

더 빨리~

대기업의 경영 목표가 중소기업이 되려는 것이라면 믿겠어? 선진국에서 후진국을 목표로 하는 정부가 들어선다면 이해가 돼? 그건 진짜 아닌 거잖아.

대기업에선, 총무과 인사과 영업부 등 세세하게 조직이 짜여서 역할 분담이 확실해지. 역시 범주적 사고와 조직 구성이 이루어지지.

근데 중소기업에선, 대충 구분해서 일을 해. 어떨 땐 부장이 경리 일도, 인사 문제도, 영업도, 심지어는 청소와 커피 타기도 모두 다 하지. 마치 만능 플레이어처럼. 그리고 그게 용인되고 상시로 일어나.

대기업에선 각자 맡은 일만 하지, 다른 부서 일은 간섭하지 않고, 스스로도 자제하고 회피하지. 책임지지 않기 위해서라도. 그렇게 업무분장이 범주적으로 확실한 거야.

대기업을 선진국으로, 중소기업을 후진국으로 대체해서 생각해 보자구.

선진국에서 일을 후진국에서처럼 하면 안 되잖아. 그래서 삼권분립도 하고 견제와 균형 원리가 작동하지.

그런데 삼권분립을 무너뜨리고 견제받지 않는 권력기관이 무소불위의 힘을 행사한다면 후진국으로 퇴행하는 거잖아. 범주와 경계를 구분 짓지도 않고 이리저리 넘나들면서 자기 임의대로 하는 거잖아.

세계 유일의 초강대국인 미국이 약소국들을 겁박하는 경우를 역사적으로 종종 보게 되는데 이런 게 바로 후진국형 깡패 짓이지.

검찰 수사에 대해 캐비닛 정치수사라는 비판을 하기도 하는데, 과거와 현재를 뒤섞어서 범주적 사고를 무너뜨리는 거지. 여기서의 범주적 사고란 우리가 믿어 왔던 '상식'이 되는 거고.

유사성 문제에서도 그래. 구조나 진행 절차에서 유사성을 보이면, 그리고 그 결과가 범죄나 부도덕성으로 예견된다면 일단 회피해서 그 유사성으로부터 스스로 빠져나오는 게 당연하잖아.

그런데 내로남불 식으로 남에게는 법을 엄격하게 적용하고, 내 식구들에게는 솜방망이 휘두르듯 하면서 "뭐가 문제냐?"는 식으로 뻔뻔한 태도를 보인다면,

결국 우리의 범주적 사고 인식을 무시하고 무력화시키는 거잖아.

식탁만 있잖아~ 장만 봐 온 거잖아~ 가스 켜고 냄비만 올린 거잖아~ 물만 끓인 거잖아~ 배 속으로 아직 들어간 건 아니잖아~ 내 딸 배 속으로 들어간 걸 난 모르잖아~ 아직 똥으로 안 나왔잖아~ 냄새가 안 나잖아~

이런 식으로 계속 꼬리 자르기로 일관하는 태도와 사고 형태를 우린 그냥 봐주고 넘어갈 수 없는 거잖아.

끊어서 생각한다는 것은, 변명을 위해서가 아니라, 우리의 이해를 좀 더 쉽게 하기 위해서고, 좀 더 선진국형 사고방식으로 나아가려는 거 아니겠어?

그걸 다시 뒤로 후진시키려는 사람들은 반드시 우리 사회에서 도태시켜야 한다고 나는 생각해.

117. 다음은 '정보의 세계'에서 인공지능(AI)이 차지하는 위치에 대해서 말씀드리겠습니다.

118. 현재 우리가 접하는 '정보의 세계'가 어떤 세계인지 알기 전에, '세계에 대한 정보'를 먼저 알아야 하지 않을까요?

119. 우리는 모든 것을 학문적으로 알아야 할 필요가 있을까요?

120. 학(學, 학문), 론(論, 이론), 설(說, 설명), 해(解, 해석)는 각기 다릅니다.

121. 과학, 화학, 생물학, 천문학 등은 그 자체로 완전체이지만, 창조론, 진화론, 상대성이론 등은 언제든지 반론과 반박이 가능합니다. 즉, 논쟁의 여지가 남습니다.

122. 설명은 방식이 너무나 다양해서 '이거다'라고 하나만 딱 짚어서 정의(定義)를 내리기 어렵습니다. 현대는 '과학적 설명'이 가장 정확한 설명이라고 봅니다.

123. 해석은, '의미'를 무엇에 두느냐의 차이에 따라서 달라지기 때문에, 설명보다도 훨씬 다양합니다. 가령, '그리스로마 신화'의 이야기에 대해서는 신화적 설명이 아니라, '신화적 해석'이 되는 겁니다.

124. 학문이든, 이론이든, 설명이든, 해석이든 모두 '세계에 대한 지식'입니다.

125. 세계는 인간을 닮았을까요?

126. 처음엔 그랬습니다. 신화의 세계관은 의인관(擬人觀)에서 출발

했으니까요. 즉, 세계의 모습을 인간의 모습과의 유사성에서 찾았습니다.

127. 그래서 초기엔 인간에 대한 관심과 연구가 활발했습니다. 지금도 심리학이나 정신과학의 연구는 지속되고 있습니다. 관상, 주술 등도 여전히 존속합니다.

128. 세계에 대한 지식은, 그것이 올바르고 정확할 때 진리(眞理)라 불리고, 진리에 옷을 입히면 진실(眞實)이 됩니다. 즉, 진리를 뒷받침할 팩트(실재성)를 갖추게 되면 '진실'이라고 불립니다. 그리고 진실한 마음을 진심(眞心)이라 부릅니다.

129. 가령, 엄마가 자식에게 불량식품인 줄 모르고 과자를 먹였다면?

130. 불량식품은 참(진리)이 아니지만, 엄마의 사랑은 진실한 마음으로, 진심입니다.

131. 언론이란 게 뭘까요? 말로는 진실을 추구한다고 하지만, 불량식품인 줄 모르고 과자를 먹인 엄마의 무지한 사랑에 대해서, 한 톨의 고민 없이, "자식에게 불량식품을 먹인 나쁜 엄마"라고 단면적, 단편적 기사를 쓰는 게 과연 언론의 사명일까요?

132. 엄마가 입은 진실의 옷이 무엇인지는 잠시 유보하고, 엄마의 사랑에 진정성이 있는지, 엄마가 왜 무지했는지, 엄마의 경제 상황은 어떤지를 종합적으로 사려 깊게 따져 보려는 여유가 필요합니다.

133. 의인관(擬人觀)을 떨쳐 내고, 세계를 있는 그대로 보고자 과학이란 '도구적(도구의) 설명'이 등장했습니다.

134. 그러면 '과학적 지식은 절대적인가?'라는 의문이 생깁니다.

135. 다신(多神)의 이야기 형식의 설명에서, 일신(一神)으로 통일을 꾀했다가, 신(神)을 매개로 설명하려 하지 않고, 자연(自然) 그대로의 세계를 알려고 했습니다만, 그 지식은 과연 믿을 만한가 하는 문제가 다시 등장합니다.

136. 여기서 다시, '지식의 문제'에서 '정의(定義)의 문제'로 넘어가게 됩니다.

137. "서로 떨어진 두 개의 선분이 같은가, 다른가는 지식의 문제가 아니라, 정의(定義)의 문제이다."(한스 라이엔바하, '시간과 공간의 철학')

138. 달리 말하면. '반도체를 누가 가장 많이 생산할 수 있는가'의 문제
보다, '반도체에 대한 정의(定義)를 누가 가장 먼저 내릴 수 있는
가'가 더 중요하다는 것입니다.

139. 즉, '기준 세우는 것'을 가장 앞서 선점한 나라가 반도체 산업을 선
도할 수 있다는 뜻입니다. 부수적으로는 가장 많은 돈을 벌게 된
다는 것입니다.

140. 미중 패권경쟁에서, 미국과 중국이 특허권과 지적재산권을 중시
하는 이유이기도 합니다.

141. 가상화폐도 역시 먼저 정의(定義)를 내리고 기준을 세운 나라가
가상화폐, 즉 신(新)화폐, 디지털 화폐의 '메타 세계(meta-verse)'
를 지배하고 주도하게 됩니다.

142. 드론(drone)도 역시 그렇습니다. 러시아-우크라이나 전쟁에서
보듯이, 드론 무기의 등장으로 전쟁의 역사를 새로 쓰게 되었습
니다. 전쟁을 바라보는 기준이 달라진 것입니다.

143. 그래서 저의 습관적 레토릭(rhetoric)은, "기준으로 생각하고, 전
제로 말한다"입니다. 페이스북에 올렸던 글 하나를 소개합니다.

1. 정의

"정의(定義)를 내리는 목적은 혼란을 막는 데 있다"는 것이, 정의(定義)에 대한 정의(定義)다.

2. 사전적 정의

사전에서의 사전적 정의는 대개 확장적 나열식이다. A란 단이를 설명하기 위해 단어 B나 C를 동원한다. 따라서, 반대어와 동의어 혹은 어원을 찾게 된다.

3. 논리적 정의

논리적 정의는, 외연적 정의가 아니라, 내포적 정의로서 '유와 종차에 의한 정의'라고 불린다.

즉, "햄버거는, 맥도널드, 웬디스, 버거킹 등이다"라고 할 때 외연적 정의에 해당하고, 가리키는 범위를 나열하게 된다.

단, 이때 누군가 샌드위치를 가져와서 햄버거라고 우기는 경우가 있다. 기본이 안 되어 있는 자가 대개 그렇다.

"등(等)"이란 말이 있으니 샌드위치도 햄버거가 된다는 억지 주장으로, 혼동을 막기 위해 내리는 정의(定義)를 오히려 혼동을 일으키는 데 악용하는 사례다.

"햄버거는, 패티, 양파, 치즈 등을 빵 사이에 넣은 패스트푸드다"라고 할 때 내포적 정의라 부르며, 공통의 특성으로 설명(정의)한다.

유와 종차에 의한 정의는 내포적 정의의 대표적 정의로서 여기선 생략하는데, "인간은 이성적 동물이다"라는 정의(定義)가 널리 인용된다.

4. 설명적 정의

정의를 내리기 위해선 설명이 필요한데, 비경험적 관념에 관한 설명은 규범(규칙)을 이해하면 된다.

수학처럼 규칙을 알면(이해하면) 되기에, 문제풀이를 하기 전에 수학적 정의를 먼저 이해하게 된다.

경험적, 구체적 사물에 대해서는 관찰을 통한 혹은 이론에 의한 설명이 된다. 경험적, 과학적 설명이 된다.

5. 과학적 설명

"구체적 담론 안에서의 어떤 문장 혹은 어떤 낱말의 의미는 그 담론을 구성하는 언어의 구문론적(syntactics), 의미론적(semantics) 그리고 화용론적(pragmatics) 원칙으로부터 논리적으로 유추됨이 입증되고, 또한 한 개별적 사과가 떨어지는 현상이 만유인력의 물리학적 법칙으로부터 논리적으로 연역될 수 있는 사례임이 구체적으로 제시됐을 때 그 현상은 說明되고 따라서 理解된다."(박이문 교수의 '과학지식이란 무엇인가'에서)

어떤 단어를 사용할 때, 문법, 의미, 실제사용 등을 따져 봐야 한다는 것이다.

6. 두 개의 오류

- 정의(定義)에 의한 존재 강요의 오류
- 술어적 '이다'와 동일성의 '이다'를 혼동하는 오류

어떤 존재가 언어로 표시될 수는 있지만, 언어가 있다고 해서 그 존재가 반드시 '있는' 것은 아니다.

가령, 神은 가장 완전하고 최고로 선하고 최초의 원인이라고 정의했다고 해서 神이 존재한다고 증명되는 게 아닌 것처럼.

7. 인턴과 인턴십

판사가 인턴과 인턴십을 구분하지 못했다는 주장이 나왔다. J는 인턴활동을 했지, 체험학습을 한 게 아니라 불법을 저질렀다는 판결이었다. 그러나 J가 제출한 서류는, '인턴 활동 확인서'가 아니라 '인턴십 활동 확인서'였다는 것.

'인턴'과 '인턴십'은 뭐가 다른가?

J는, 회사에 소속된 구성원들이 다들 받는 보수를 받지 않았고, 학생 신분이면서, 체험활동으로서의 인턴십 활동을 했다는 사실이 명백해진다.

제출 서류에도 "인턴십"이라 명기됐고, 교육부 지침서에도 "인턴십은 체험활동을 뜻한다"고도 되어 있다.

즉, 사전적으로도, 논리적으로도 '인턴'과 '인턴십'은 다른 개념이 되는 것이다.

> 그렇다면, J는 불법을 저지른 게 아니게 된다.
>
> 결국, 판사가 '인턴'이란 단어 하나를 가지고, 문법적으로도, 의미로서도, 실제 사용에서도, 오판을 해서 결과적으로 한 젊은이의 인생을 파탄 냈다는 결론이 된다.

144. "너는 너고 나는 나야. 너는 그냥 있어. 나는 내가 갈 길 갈 테니 까"라고 말한다면 서로 남남이 되어 관계가 끊어지게 됩니다.

145. '세계'와 '나' 사이에서 이런 일이 생긴다면, '독선'이 됩니다.

146. 독선(獨善, self-righteous)은 자기중심적이어서, 자기만 옳고, 자 기만 착하고, 자기만 정의롭고, 자기가 제일 똑똑하고, 자기 판단 이 제일 공정하다는 생각과 태도입니다.

147. 이런 독선적 생각과 태도로 '세계'와 만났을 땐 기후위기가 닥치 고, 타인과 만났을 땐 차별과 억압으로 나타납니다.

148. 우월한 내가 열등한 상대를 지배하는 건 너무도 당연하다고 생각 하기 때문입니다.

149. 그러면 어느 순간부터는 갑질이 되고, 착취가 되고, 폭력이 되어 나타납니다. 마치 매일 밥 먹는 일처럼 너무 쉽게 그리고 아주 자연스럽게 다른 사람을 '함부로' 대하기 시작합니다. 그리고 종내에는 습관처럼 되어 버립니다. 그리고 가스라이팅(심리 지배)이 생겨납니다.

150. 그래서는 안 된다고 생각한다면, 우리 인간도 역시 세계를 함부로 대해선 안 되며, 따라서 세계를 이해하려고 노력해야만 합니다. 또한, 이해하기 위해서는 설명이 필요한 것입니다.

151. 설명, 예측, 이해는 따라서 세계에 대한 우리의 지식 체계를 이룹니다.

152. 정확한 설명은 예측을 낳지만, 잘못된 해석은 억측을 낳습니다.

153. 세계를 바로 보기 위해서는 각자의 해석보다 일반적 설명이 더 필요한 이유입니다.

154. 세계는 우리가 사는 '집'과 같습니다. 안락과 평화와 안전을 보장하는 곳인 셈입니다. 과학은 땅 위에 집을 짓고, 이념(理念)은 공중에 집을 짓는다고도 볼 수 있습니다.

155. 낯선 곳에 처음 가면 예측하기 어려운 돌발 상황과 위험이 있을 수 있기에 불안합니다. 하지만 집 안으로 들어서면 세 발짝 걸으면 왼쪽에 뭐가 있고, 천장 높이는 얼마이며, 식탁 의자 오른쪽 모서리가 뾰족하다는 것을 알기에 익숙하고 안심하고 움직일 수 있습니다.

156. 타인과 대화하면 그가 무슨 말을 할지 모르기에 불안하고 긴장하지만, 오랜 친구나 가족을 만나 얘기하면 안심하고 편안하게 대화할 수 있습니다. 대화하다 갑자기 주먹이 날아오는 경우도 없습니다. 거의 모든 것이 예측 가능하고 설명 가능하고 이해 가능하기 때문입니다.

157. '세계관', 그것은 우리의 '지식 체계' 안에 있습니다. 그 지식들은 익숙함, 편안함, 안전함 등을 보장해 줍니다.

158. 세계를 하향의 탑다운 방식으로 이해하면 '연역세계'가 되고, 상향의 보텀업 방식으로 이해하면 '귀납세계'가 됩니다.

159. 한편으론 창조론과 진화론으로도 대비될 수 있겠습니다.

160. 옛날과 달리 오늘날에는 수많은 정보들이 범람하고 있습니다. 인

간을 포함한 세계에 대한 지식과 정보들입니다.

161. 이 정보들에 대한 민주주의적 통제 방식의 여부도 관심이려니와, 자본주의적 사고로 정보들을 돈으로 연결 짓는 다양한 시도와 노력들이 있습니다.

162. 정보들의 적절한 통제와 적당한 가치 부여는 곧 돈으로 바뀔 수가 있습니다.

163. 대동강 물을 팔아먹은 봉이 김선달 이래로, 오늘날 정수기 시장과 생수 시장만 놓고 볼 때, 우리나라의 경우 1조 원대의 시장 규모에 이르고, 2년이 더 경과하면 2조 원대를 훌쩍 넘기게 된다고 예상한답니다.

164. 정보의 세계, 물의 세계, 자본주의 시장이라는 또 다른 세계에 대한 생각이 점점 깊어집니다.

165. 자유주의와 시장주의가 결합한, '자유시장경제'란 세계에 관해 한번 살펴보겠습니다.

166. 정책(政策)이란, 정치적으로 꾀를 낸다는 뜻입니다.

167. 경제란, 최소의 노력으로 최대의 이익을 얻는 것.

168. 그러면 어떤 경제 정책들이 있을까요?

169. 최근 크게 둘로 나뉘는데, 신자유주의 정책과 보호주의 정책이
그것입니다.

170. 자유시장과 자유무역을 뼈대로 하는 자유주의 경제는 18세기에
시작돼서 1870년경에 영국이 완성시킵니다.

171. 1차 세계대전 이후에는 보호주의로 일시적으로 바뀌다가, 2차 세
계대전 이후부터 자유주의가 미국을 시작으로 재등장합니다. 그
리고 마침내 1980년대에 신자유주의가 나타납니다.

172. 역사상 경제위기가 세 번 나타납니다. 1870년, 1930년, 1970년.

- 1870년대 장기불황 - 식민지를 노린 제국들의 등장
- 1930년 세계대공황 - 이후 대침체기
- 1970년대 - 스태그플레이션 : 성장 둔화 + 인플레이션

173. 경제대공황의 원인은 아직도 모릅니다. 오죽하면 카오스 이론까

지 들이대려 했겠습니까.

※ 1929년 미국 경제공황이 1930년 세계대공황으로 발전한 원인은?

174. 제국들은 약소국들을 식민지화하고 약탈하면서 자유무역을 강요
했습니다.

175. 하지만 영국 자신은 1932년 보호무역주의로 선회합니다. 미국의
영향을 받았던 겁니다.

176. 교통과 통신의 발달로 등장하게 된 '세계화'와 함께, 1970년대 말
부터 '신자유주의'가 등장합니다. 민영화, 복지 축소, 작은 정부,
감세, 노동 유연화 등을 주장하게 되는데, 영국의 대처리즘(1979)
과 미국의 레이거노믹스(1981)로 대표됩니다.

177. 신자유주의의 그 진한 맛을 우리는 1997년 IMF 외환위기 때 봤습
니다.

178. IMF 총재 캉드쉬는 마치 점령군처럼 '신자유주의'란 명함을 내밀
며 우리 경제를 초토화시켰던 것입니다.

179. 동전의 앞면이 '성장'이라면, 그 뒷면엔 빈부격차, 불평등, '양극화'
가 있습니다.

180. "일단 파이부터 키우자"는 이른바 '성장 우선'은, 시한이 정해지지
않은 관계로, 불평등과 불공정 상태로 한없이 계속 이어집니다.
그런데 아이러니하게도, 높은 성장률로 파이가 커질수록 양극화
는 더 심해집니다.

181. 기축통화인 달러가 갖는 의미는, 1달러 화폐를 발행하는 데 3센
트 들여 97센트의 상품을 다른 나라들로부터 공짜 이익으로 가져
온다는 뜻입니다. (시뇨리지 효과, seigniorage effect)

182. 이것이 미국이 초강대국의 지위를 존속시킬 수 있는 이유이며,
이런 논리에 의해서라면, 부자는 영원히 부자로 남으며, 양극화
는 영원히 끝나지 않는다는 결론에 도달합니다. 관련해서 저의
페이스북 글 하나를 소개합니다.

위기의 원인도 달러, 해법도 달러 (2022.7.21.)

1. 인류에게 닥친 세 가지 큰 위기

- 기후위기&코로나 팬데믹&미국 달러

2. 정치란?

- 대외적으로, 국가 이익의 최대화
- 국내적으로, 공공 이익의 극대화

3. "집단행동이냐, 집단자살이냐를 선택해야 한다."(UN 사무총장)

- 세계 각국의 기후위기 대응에 유엔 사무총장의 일갈
- '각자도생'하려다가는 같이 다 망한다는 의미
- "이러다 다 죽어!"(드라마 '오징어게임'의 한 대사)

4. "경제실패는 곧 정치실패에 있다."(최배근 교수)

5. '1991년'을 기억해야

- 세계화 시작 - 미국의 '세계경영'의 시작
- 미국 중심의 공급망 다자주의 세계경제질서
- 구소련 붕괴
- 일본 거품 붕괴
- 팍스 아메리카
- 미 연준의 마법 무기 : 달러의 '양적완화'

- 중국의 부상 → 2001년 WTO 가입 → '세계의 생산공장'

6. 미 GDP 대비 중국 경제규모와 미국의 위기의식

90년대 13% → 트럼프 때 60% → 바이든 때 70%

7. 달러의 이중적 성격

- 달러는 '미국통화'의 성격과 '세계통화'의 두 성격
- 연준의 '통화발행'과 '금리조정' 세계경제에 영향
- 특히 신흥국들에겐 경제위기 직격탄
- "고금리 킹달러 정책은 내 이웃을 거지로 만드는 정책"(최용식 21세기경제연구소 소장)

8. 달러가 가져오는 위기들

- 지난 30년간 수많은 위기들에 항상 '달러'가 있다
- 1997년, 아시아와 한국의 외환위기
- 2008년 리먼 브라더스 파산과 금융위기 사태
- 2019년 말 코로나 팬데믹과, 2022년 인플레이션과, 2023년 경기침체
- 2008~2020년, 연준 양적완화 11조 2천억 달러

9. 미국만을 위한 달러 : 야누스의 얼굴

- 인플레이션은 누가 만들었나?
- 인플레이션을 왜 막는가? 누굴 위해 막는가?

- 미국은 미국의 인플레이션을 막기 위해 금리 인상
- 그러나 다른 나라들의 사정은 고려하지 않는다.
- 미국만의 사정을 위해, 금리 조정, 통화량 조절
- 세계를 위한 세계통화 아닌, 미국을 위한 미국통화
- 전 세계에 고통을 안겨 주는 악마의 손과도 같다.
- 세계에는 세계통화로 인식시키고, 미국을 위해 사용
- 세계경제위기의 근본문제는 달러 일원 체제
- 달러는 공격적 통화. 약한 나라에는 더 공격적
- 약한 나라들 진부를 위태롭게 만들 만큼 위협적
- 연준(FED) 자이언트 스텝 금리 인상으로 19개국 부도위기

10. 달러의 지배력 약화

- 1980년대 : 80%
- 1999년 : 71%
- 2021년 : 58%

11. 일원 통화 유지하되, 세계와 지분율 합의해야

- 58%로, 통화발행 권리를 축소시켜야
- 시뇨리지 이익 효과를 미국은 58%만 누려야
- 미국만을 위한 양적완화 제재 제한시켜야

12. WDO(world dollar organization) 창설 제안

183. '자유주의 세계'에 대해 말씀드리겠습니다. 이 부분은 장하준 교수의 '나쁜 사마리아인들'에서 참고했습니다.

184. 스페인과 영국의 식민지에 불과했던 미국입니다.

185. 이들은 미국에게 그저 농업국가로서만 남으라 했습니다. 특히 '국부론'의 애덤 스미스도 그런 충고를 했습니다.

186. 그런데 1791년 '해밀턴 프로그램'이 등장합니다. 제조업 중심의 산업 발전 프로그램이었습니다.

187. 이 프로그램은 그로부터 30년이 지난 1820년부터 완벽하게 실행됩니다.

188. 해밀턴이 미국의 '위대한 설계자'였다면, 에이브러햄 링컨은 '위대한 보호자'였습니다.

189. 링컨의 '보호 설계'는 등소평의 '흑묘백묘론'의 원조 격이 됩니다.

190. 링컨은 이렇게 말했습니다.

"노예를 해방시키지 않고 연방을 구할 수 있다면, 나는 그렇게 할 것이고, 모든 노예를 해방시켜야만 연방을 구할 수 있다면, 나는 그렇게 할 것이다."

191. 링컨의 목적은 '노예 해방'이 아니라 '미국의 산업(공업) 보호'였던 셈이죠.

192. 당시의 미국은, 민주당이 자유무역을 주장했고, 공화당은 보호무역을 주장했는데, 남북전쟁의 승리로 링컨의 '보호주의 정책'이 승리한 셈입니다.

193. 이렇게 볼 때, 현재진행형인 바이든의 '인플레이션감축법안(IRA)'이나 '반도체 과학법(CHIPS and science act)' 등은, '제2의 해밀턴 프로그램'인 것이며, 트럼프 때 촉발된 링컨의 보호무역 정책의 계승으로 볼 수 있겠습니다.

194. 장하준 교수의 말을 들어 보겠습니다. ('나쁜 사마리아인들'에서)

"우리의 역사적 경험들은 많지만, 이를 배우려 하지 않고, '지금의

부자나라들이 자유무역과 자유시장 정책을 통해 발전했다'는 신화를 아무런 의심 없이 받아들이고 있다."

"부자나라들이 가난한 나라들을 상대로 '사다리 걷어차기'를 하면서, 자유시장, 자유무역 정책을 강요해 왔다는 사실 역시 역사를 통해서 얻을 수 있는 교훈이다."

"그러나 '사다리 걷어차기'보다 더 심각한 것은 '역사에 대한 건망증'이다."

195. 그런데 사다리를 걷어차지 않으면서도 성공한 유일한 사례가 있는데 1947년 '마셜 플랜'이 그것입니다.

196. 전쟁으로 파괴된 유럽경제의 재건을 위해 140조 원을 투입한 이 마셜 플랜을 통해, 미국은 세계 경제의 새로운 주도권을 획득했고, 선진국들에겐 '자본의 황금기'(1950~1973)가 찾아옵니다. 개발도상국들도 좋은 성과를 얻습니다.

197. 무역의 양상은 3단계로 구분합니다.

1) '자유무역'의 첫 단계로, '비교 우위'를 통해서 내가 잘할 수 있

는 것을 하는 단계입니다.

2) '자국의 제조업 보호 전략'의 두 번째 단계입니다. 그러나 '상대적 우위'에 머물게 됩니다. 이땐 관세 부과와 수출 금지를 시행합니다.

3) 세 번째는, '절대적 우위'를 점하는 단계입니다. 이 단계에서 상품의 교류가 보편화되고 '수출 금지'가 완벽해지며, '강력한 통제'가 이루어집니다.

198. 일본이 우리나라를 도발했던 무역전쟁, 즉 '반도체 소부장(소재, 부품, 장비) 수출 금지'는 일본이 세 번째 단계에 해당한다고 생각한 아베의 대착각에서 비롯된 결과로, 한국의 'NO JAPAN' 불매운동을 낳으면서 대실패로 끝났습니다.

199. 중국에 대한 미국의 무역 압박과 통제는, 처음엔 관세 전쟁으로 시작해서, 결국 '미래산업에 대한 패권쟁탈 전쟁'으로 번졌습니다. 이는 반도체, 수소 전기 배터리 등 '4차 산업혁명'과 1차적으로 관련이 있습니다.

200. 2차로는, 선도기술 쟁탈전, 지적재산권 보호, 선제적 표준화 작업을 통한 우선점유 등이 됩니다.

201. 그 외에, 식량 문제, 가스 공급 문제 등이 있습니다.

202. 금융거래에 있어서는, 양적 완화와 금리 인상 및 킹달러 환율 등의 문제가 있고, 디지털 화폐 전쟁이 보다 치열합니다.

203. 현재의 초강대국 미국을 있게 했고 또 유지시켜 주던, '페트로 달러(오일 달러)'의 위기와, 글로벌 디지털 위안화의 부각으로, 앞으로는 세계경제의 판이 바뀔 조짐입니다.

204. 중국이 자본력을 내세워 우리 반도체 기술자들을 빼돌리는 것은, 중국의 반도체 기술이 두 번째 단계에 머물고 있다는 반증이며, 세 번째 단계에 이르기까지 백 년이 걸릴지, 오십 년이 걸릴지는 모르지만 심각한 수준은 아니며, 그사이 우리는 초격차로 따돌릴 수도 있습니다. '베끼기'와 '따라 하기'로는 1등을 할 수 없으니까요. 즉, '추격국가'로 남게 되고 '선도국가'가 될 수 없습니다.

205. 트럼프가 촉발하고 바이든이 이어받은, 보호주의와 자국우선주의는 새삼스럽지 않으며, 다만 "자유무역에서 왜 이탈하려 하느냐, 원래대로 다시 돌아가자"고 주장하는 것은 한가한 태도입니다.

206. 세계관은 더 자랄까요? 아니면, '자라지 않는 마음의 괴물'이 되어

항상 그대로일까요?

207. 세계관은 세상을 자기 인식 세계에 담을 수 있는 그릇과도 같은 데, 시간이 경과하면 다르게 변할까요? 더 커지거나, 그대로거나, 혹은 더 작아지는 걸까요?

208. 저는 세계관은 변한다고 믿습니다.

209. 그 예로 바이든 대통령을 들어 보겠습니다. 바이든의 취임선언, '다시 쓰고자 하는 미국 이야기(American story)'부터 그 예를 찾아보겠습니다.

210. 바이든은, 아프가니스탄 철수로 '시대의 종언'을 선언한 지 불과 보름 만에, '새로운 시대' 구상을 드러냈습니다. 9월 15일 오커스(AUKUS)를 발표합니다. 호주, 영국과 함께 중국을 견제하는 방위협정입니다. 이에 따라 호주의 핵잠수함 건설을 지원하기로 합니다. 이로 인해 프랑스가 2016년 호주와 맺은 660억~900억 달러 규모의 잠수함 건조 계약이 없었던 일이 됐습니다. 이에 바이든은 11월 29일, 마크롱 대통령에게 "우리가 서툴렀다. 일이 품위 있게 처리되지 않았다"며 사과합니다.

211. 바이든의 이런 변화는, 전략전술 변화가 아니라, 세계관의 확대 변화라고 보고 싶습니다.

212. 코로나 팬데믹 이후, 우리의 현재와 미래를 다시 돌아보게 되었습니다. 그리고 '포스트 코로나', '위드 코로나', '2030 탄소중립 선언' 등의 말을 자주 듣게 됩니다. 세계관, 즉 세계를 보는 시야가 달라졌습니다.

213. "한 발짝 앞으로 내딛으면 풍경이 달라진다"는 말과도 통합니다.

214. 마음이 더 이상 자라지 않는다면, 그것은 인간이 아닌 괴물일 뿐입니다.

215. '정보의 세계'를 살펴보겠습니다.

216. 정보를 다루는 태도와 자세는 어때야 하는지에 대한 견해입니다. 즉, '정보 세계관'에 관해서입니다.

217. 미래의 세계를 놓는 '주춧돌'은 인공지능, 사물인터넷, 반도체, 배터리, 가상화폐, 드론, 메타버스 등이 되겠습니다.

218. 참고로, 스마트폰 특허 수는 20만 개이며, 드론 역시 그에 가까워질 것으로 추정됩니다.

219. 우크라이나 전쟁을 통해서 전쟁의 수단과 양상이 달라졌음을 드론의 등장을 통해서 확인할 수 있었습니다.

220. 그리고 챗GPT를 통해서 보듯, 인공지능과 빅데이터의 중요성은 앞으로 더 크게 다가올 것입니다.

221. DNA(Data, Network, Artificial Intelligence)란?

　　D : 빅데이터

　　N : 속도(5G, 6G)

　　A : 인공지능 지배(AI의 정보컨트롤)

222. 4차 산업혁명과 금융혁명

- 화폐 : 아날로그 화폐(cf. 페트로 달러) → 디지털 가상화폐(cf. 디지털 위안화)
- 금융 : 비대면 은행(온라인 뱅크)
- 교육 : 플랫폼 교육

223. 가치축적 공간의 확대, 가치교환 수단의 변화, 가치평가 도구의 다변화 등은 가히 '화폐혁명'으로도 일컬어질 것이며, 산업지형과 금융지형을 바꿉니다. 이것은 '범주적 지형의 변화' 혹은 '경제 생태계의 변화'라고 보시면 됩니다. 그 대표적인 것이 '플랫폼 가치 창출'입니다.

224. '4차 산업혁명'에 잇따른 '금융혁명'도 도래합니다. 인공지능을 주축으로 하는 4차 산업혁명은 디지털 화폐를 주축으로 하는 금융혁명을 이미 잉태하고 있습니다.

225. 앞으로 '인공지능 사회'가 된다면?

226. 인간의 삶을 규정하는 것은, 관습, 도덕, 법률 등과 같은 제도적 장치들입니다. 그러나 민주주의라는 '만연체 문장 구조적 삶'에서 다소 건조할지언정 간결하고 명쾌한 '간결체 문장 구조적 삶'을 기대하면서, '인공지능의 지배'를 점차 원하게 될지도 모릅니다. AI 판사의 등장과 같은.

227. 세계를 물질계와 정신계로 구분했을 때, 물질계는 기계화와 자동화, 로봇화로 대체시키고, 정신계는 인공지능이 대신하게 된다면, 세계는 인간이 들어설 자리가 없게 되는 것입니다.

228. '지속가능한 성장'이 철학적 허구이듯이, '사람 중심의 인공지능 사회'도 철학적 허구일 수 있습니다.

229. 가짜뉴스와 가짜알고리즘이란?

230. 가짜뉴스란, 뉴스가 가리키는 목적을 다른 곳에 두었을 때를 가리킵니다. 사실관계와 맞느냐 틀리느냐의 문제만을 가리키지 않습니다.

연세대 부동산학과 한문도 교수의 말 (머니인사이드)

신고가가 하나고 하락한 게 10개에요. 그러면 뉴스가 어떻게 나가야 할까요? "신고가가 하나가 나왔습니다. 그러나 10개가 하락 거래이니까 시장이 신고가가 됐다고 상승으로 볼 수 없다"고 하면서 전문가의 말을 첨가하는 그런 기사가 돼야 맞는데 기사가 '신고가'만 나오죠. 그러니까 혼돈을 가져오고 불안 심리를 일으키는 거예요. 다주택자 입장에서는 "역시 오르네" 하고 오판하게 되는 거죠. 이른바 가짜전문가, 가짜기자(기레기), 가짜뉴스가 되는 거죠.

---

231. 네이버 등 포털의 알고리즘은, 가짜알고리즘이라는 의심이 현재 팽배해 있습니다. 마찬가지로 각종 여론조사 기관들의 알고리즘 역시 가짜알고리즘일 가능성을 배제할 수 없습니다.

232. 정보화 세계 : 비포 앤 애프터(before&after)

233. 정보화 세계는, '검문(check)' 시대에서 '검색(search)' 시대로 바뀌었음을 알려 줍니다. 팩트 체크라는 것도 이젠 前시대적이며, 인공지능 검색이 後시대적이 됐습니다. 그마저도 구글링 시대에서 챗GPT 시대로 이행하는 중입니다. 구글링 검색본능이 질문본능으로 바뀌고 있는 셈이죠.

234. 주인 없이 떠도는 정보들에게 '주인을 찾아 주는 일'이 중요한 일이 되고 말았습니다.

235. 4차 산업혁명에서는 그 주인이 바로 인공지능(AI, artificial intelligence)이 되는 것입니다. 그리고 '범용 인공지능(AGI, artificial general intelligence)'은 그야말로 모든 생활의 패턴과 생태계를 바꿔 놓는 '혁명'입니다.

236. 자기 소유로 여겨지던 '지식 소유의 시대'에서, 이제는 '주인 없는 정보 시대'로 빠르게 이행해 가는 중입니다.

237. 그러면 누가 정보검색을 가장 정확하고 빠르게 잘할까요?

238. 인공지능과 정보의 상관관계는?

239. '알파고'를 떠올려 봅시다. ('고'는 바둑을 뜻함)

240. 바둑 세계 최강 이세돌 9단에게 완승한 알파고의 등장 이후 2년, '알파제로'가 등장합니다. 알파제로는 알파고를 이겼고, 세계 체스(서양장기)와 바둑 챔피언들을 모두 이깁니다.

241. 알파제로의 특징은 두 가지!

　1) '스스로 생각한다'는 것, 즉 스스로 판단하고 추리한다는 것입니다. 게임의 규칙만 가르쳐 주면 데이터를 입력할 필요도 없이 스스로 학습을 통해서 깨우칩니다.
　2) '시행착오의 반복학습'을 한다는 것. 그런데 학습의 반복 횟수와 속도가 엄청납니다. 혼자서 40일 동안 수천만 번의 대국을 두었다는 알파제로의 '사고실험'은 가히 경악할 만한 일입니다.

242. 정보자료들에는 '선입견과 편견'이 알게 모르게 내재되어 있습니다. 그 한계를 뛰어넘은 것이 바로 알파제로의 획기적 특징입니다.

243. 정보들이 마치 바닷속에 빠진 듯, 알파제로를 거치면서 객관화된 자료로 탈바꿈합니다. 이것이 인간 현실에 무수히 응용된다는 것은 이제 자명한 사실이 되어 가고 있습니다.

244. 그 후 다시 급속도로 성장 발전한 인공지능은 이제 2023년, 인간 대신 시도 써 주고 에세이나 기사도 대신 써 주는, 챗GPT(chat generative pre-trained transformer)가 등장해 구글검색시스템에 퇴출 위협을 합니다. 오픈에이아이(open AI)에서 개발한 챗GPT는 번역하자면, "사전 학습되어 질문에 답을 생성한다"는 뜻입니다.

245. 이제 정보의 '경이로운 세계'를 접하게 된 것입니다. 챗GPT와 직접 대화하며 얻은 내용은, 현재 접속자 수 1억 5천만 명은 물론, 10억 명까지도 동시 접속해 답변이 가능하다고 합니다.

246. 더욱 놀라운 일은, 인공지능이 현실세계에서 우리 인간을 위한 보조 역할을 하겠지만, 메타버스라는 가상공간 세계로 들어가면 주인공이 되어서 적극적인 플레이어가 될 것입니다.

247. 이와 같은 '이기는 정보들'은 마치 게임 같은 경쟁사회에서는 엄청난 무기로 작용하고 돈으로도 교환 가능합니다.

248. 정보들은 '목적'을 가지고 '거래'되거나 하면서 움직입니다. 따라서 통제되어야 마땅합니다. 그렇지 않으면 소수의 특정 기업들에 의해 독점되고 악용될 소지가 있습니다. 여기서도 양극화가 일어납니다.

249. 포털의 뉴스 정보들이 현재 그런 독점적 양태를 보이고 있으며, 플랫폼화하는 모든 연대들에게도 악영향을 미치게 합니다.

250. 과거에도 주식 정보나 땅에 대한 정보, 법률적, 금융적 지식과 정보들이 기득권자의 소유와 독점으로 악용돼 왔고 지금도 진행형입니다.

251. 이는 개인의 통제가 아니라, 국가 통제 아래에 두고, 교통정리를 할 필요가 있습니다.

252. 세금 정보, 통계 정보, 수사 정보, 판례 정보, 금융 정보, 부동산 정보, 주식 정보, 환율 정보, 교육 정보, 기업 정보, 개발 정보 등을 국가 아래로 묶고 투명하게 공유해야 합니다.

253. 개인 정보, 군사 정보, 과학기술 정보 등은 예외로 둔다고 쳐도, 모든 정보들이 투명한 상태로 공유되어 사용될 수 있어야 합니다.

254. 정보의 난개발보다는 정보 계획도시가 훨씬 효율적이라는 것은, 국가에 의해 계획된 정보들의 효율적 배분이 필요하다는 것을 말해 줍니다.

255. 이제 '가치의 세계'에 대한 작은 고찰을 해 보겠습니다.

256. 앞에서 '정보의 세계'에 대해서 간략히 살펴봤습니다. 수많은 정보들은 '가치'와 '의미'를 담고 있습니다. 정보를 가공하는 이유는 따로 가치를 목적하고 의도된 의미를 정보에 담기 때문입니다.

257. '세계관'이라고 할 때의 관(觀)은, '본다', '관찰한다', 관념, 견해, 관점 등의 뜻이 있으나 저는 '꿰뚫어본다(perspective)'는 의미로 사용합니다.

258. '꿰뚫어본다'는 뜻은, '가치(value)를 분석'하고 '의미(meaning)를 해석'한다는 뜻이기도 합니다.

259. 가치의 1차적 의미는 쓸모와 유용성입니다. 쓰레기 더미처럼 홍수를 이루는 정보들 속에서 필요와 목적에 맞게 그 정보가 가리키는 가치와 의미를 분류하고 분석해서 찾아내는 작업이 필요합니다.

260. 하지만 어떤 용도로 쓰이지 않더라도, 어떤 목적을 달성하는 것은 아니더라도, 그 자체로서 빛나고 의미 있는 것도 있습니다.

261. 가령, 우선 생명의 가치가 있겠고, 眞. 善. 美. 聖 같은 학문적, 도덕적, 예술적, 종교적 가치들이 있으며, 자유와 평등 같은 정치, 사회, 경제적 이념의 가치도 존재합니다.

262. 그래서 '가치관(sense of values)'이니 '가치지향적(value-oriented)'이니 하는 개념들이 생겨났습니다.

263. 가령, "뭣이 중한디?"라는 영화 '곡성'의 한 대사에서도 쉽게 알 수 있습니다.

264. '가치 있다'는 말은, '(그것이) 좋다, 옳다, 아름답다, 신뢰한다' 등의 신념과 감정(느낌)의 체계를 가리킵니다.

265. '가치'는 경제학에서의 효용(utility)과 동일한 의미로 사용합니다. 그리고 재화와 용역을 얻는 방법으로 '교환'과 '생산' 두 가지를 상정합니다. 이로부터 '교환가치', '생산가치', 사용가치, 노동가치 등의 개념들이 속속 등장합니다.

266. 우리 사회가 만인이 행복한 지상낙원이었거나, 강탈해서 재화를 얻는 사회라면, '경제학'이라는 지식체계도 생겨나지 않았을 것입니다.

267. '이익적 사고'와 '가치적 사고'를 비교하자면 다음과 같은 예를 들 수 있습니다.

268. 가령, 현명한 상인은 물건 값을 깎아 달라는 손님에게 깎아 주지 않고 그냥 돌려보냅니다. 당장은 손해지만, 손님에게 자기 상품의 가치를 알리는 계기를 만들고, 상인인 자신의 정직함을 알리는 기회가 된다는 것을 깨닫기 때문입니다.

269. 사회복지의 분야에서는, '가치와 윤리'라는 말이 등장하는데, 그 차이는 무엇일까요?

270. 가치는 객관적으로 증명할 수 없는 '바람직한 것'에 대한 '관념적 기준'인 반면, 윤리는 '옳고 그른 것'에 대한 '규범 기준'이자 행위 판단의 기준입니다.

271. 문화 요소에는 기술, 언어, 상징, 예술, 가치, 규범 등이 있습니다.

272. 가치가 다소 추상적이라면, 규범은 구체적인 행동 지침을 가리킨다는 차이가 있습니다.

273. 규범은 제약이며, 제약이 완화되면, 선택의 범위가 넓어집니다.

274. 그러나 법으로 규제(제재)하기 시작하면, 선택의 폭은 좁아질 수밖에 없습니다.

275. 가령, "나는 아무 잘못이 없습니다"를 '책임회피'의 의미로 법해석을 하려고 합니다. 법에서는 정직을 전제하지 않고, 거짓말을 전제하기 때문입니다.

276. '가치'는 분석의 영역이고, '의미'는 해석의 영역이기 때문입니다.

277. 따라서 법리 문제는 해석의 문제이므로, 판사가 재량권을 가졌다고 해서 자의적 해석을 스스로 경계하지 않으면 무수한 피해자가 발생합니다. 가해자와 피해자가 종종 뒤바뀌기도 합니다. 그리고 법의 정신을 도외시한 법비(법기술자들)만 양산하게 됩니다.

278. '최상위 규범'을 헌법(constitution)이라고 하는데, 법률(law, legal)에 의한 판단도 이 헌법을 기준으로 합니다.

279. 그러나 현재 우리 사회는, '법률적 거래'가 횡행하는 사회가 됐습니다.

280. 규범적 가치를 내팽개치고 '이익 거래'를 합니다. 헌법 정신을 망

각하고, 법률적 지식을 사고팔고 하는 형국입니다. '전관예우'란 것이 대표적입니다.

281. 거래는 이익을 거래하는 것이지, 가치를 거래할 수는 없습니다. '가치'를 '값'으로 거래한다는 것은 인간이기를 포기한다는 뜻이기도 하며, 인간을 '경제적 동물'로 하향 축소시키는 결과를 낳습니다.

282. 한마디로, 규범 질서의 붕괴입니다. 지켜지지 않고 돈처럼 거래되며 '유검무죄 무검유죄'와 같은 현실 왜곡이 만연되는 상태에서는 '공동의 가치'가 무너지는 것입니다.

283. 눈앞의 이익은 현실적이지만, 그것이 '지속적인 이익'인가를 따져보아야 합니다. '가치의 보존' 없이, 현재의 이익에만 매몰되는 것은 아닌지를 숙고해야 합니다.

284. "투명하게 이익을 추구하라!", 이것이 '시대정신(Zeitgeist)'이고 '뉴노멀(new-normal)'입니다. 인간의 '욕망'에 관한 제 블로그 글을 첨부합니다.

인간 해부 (2021.8.9.)

1. 인간이란 뭐냐? 한 마디로 딱 잘라서 '욕망'이다.

2. 욕망이 있고 도덕이 있지, 도덕이 있고 욕망이 있는 게 아니다. 순서를 바꾸면 안 된다.

3. 욕망이 칼이라면, 도덕은 칼집이다. 욕망은 '생존'을 위한 것이고, 도덕은 '안전'을 위한 것이다.

4. '욕망'과 '욕구'는 다르다. '천수답'과 '저수지'의 차이라고 보면 된다. 욕망은 바라는 것이요, 욕구는 바라는 것을 적극적으로 구하고 찾는 것이다.

5. 욕망끼리의 대립이 욕구의 충돌로 진전하는 것은, 말싸움이 주먹질로 바뀌는 것과 같다.

6. 문제가 뭐냐? 오늘 먹을 걸 구하면서, 내일 먹을 걸 걱정한다는 거다. 짐승은 배부르면 사냥을 멈추지만, 인간은 내일 먹을 걸 위해서 사냥을 계속한다.

7. 사냥으론 한계가 있자 농사를 짓기 시작한다. 그러나 사냥 습관은 버리지 못한다. 그래서 약탈적 대지주가 생겨난다. 그리고 소작농이 늘어난다. 그리고 고리대금업도 생겨난다. 결국 "억울하면 출세하라!"가 되고 만다.

8. 있는 것, 쌓아 둔 것을 지켜야 한다. 나라는 백성의 편이되, 관리는 대지주만 편든다. 그리하여 탐관오리가 생겨난다.

9. 나라는 점차 '관리들의 나라'가 되어 버린다. 그것이 지금까지도 계속되고, 탐관오리의 습성도 그대로다. 현재 대표적으로 '금융 모피아(MOFIA)'가 있다.

10. 탐관오리를 계속하려면 상납과 뇌물이 뒤따라야 한다. 위에서 욕심을 한껏 부리면 그만큼 수탈도 심해진다.

11. 코로나 팬데믹 같은 재해가 닥치면 위만 살아남고 아래는 죽어 나간다.

12. 관리들의 나라는 백성들이 죽어 나가도 비축된 곡식을 풀지 않는다. 관리들 자신이 내일 먹어야 할 것을 챙겨 놔야 하기 때문이다.

13. 약삭빠른 사람들은 농사일을 버리고 장돌뱅이로 나선다. 고향을 등지고 메밀꽃 들판을 가로질러 먼 타향으로 떠난다.

14. 왕래가 빈번해지고 거래 규모가 커지다 보니 농업만큼 상업의 크기도 커지고 점차 세금도 내게 된다.

15. 아예 관리들과 나라를 상대로 상업과 무역을 꾀하니 새로운 세력으로 등장한다. 이른바 상업자본의 등장이다. 가령, 소설 '상도'에 등장하는 '인삼무역 독점거래'가 그런 경우다.

16. 도로와 철도가 놓이고 석탄, 석유, 연료를 사용하고 벽돌과 시멘트로 집을 짓는 산업 시대로 들어서면서 대지주나 상인과는 또 다른 성격의 부자가 생겨난다. 이른바 '자본가'라는 개념이 등장하는 것이다.

17. 인간관계도 지주와 농노 관계에서, 다시 상인과 상품소비자의 관계로, 그리고 다시 자본가와 노동자 관계가 시대마다 바뀌면서 대세를 이룬다.

18. 관계는 모두 '이윤 관계'지만, 매개가 땅(토지)이냐, 상품이냐, 돈이냐의 차이가 있다.

19. 인간에 대해서는, 노예(농노)에서 상품(물건)으로 그리고 다시 기계부품(노동)으로 인식이 점차 바뀐다. 그러나 인식은 달라졌지만 대하는 태도는 변한 게 없다. 그저 소모품의 존재일 뿐이다.

20. 인식이 바뀌면 태도도 달라져야 하는데 전혀 그렇지가 않다. 이유는, '인식의 차이'가 아니라 '신분적 계급적 차별'이 계속 유지되기 때문이다.

21. '누군가에게 이익이라면 다른 누군가에게는 손해'라는 것이 하나의 법칙처럼 존재한다. 이로부터 인간의 본성을 '탐욕'으로 규정하게 된다. 인의예지라는 덕목의 빛이 바래는 순간이다.

22. 이렇게 주인과 노예 관계가 굳어지게 되자, 해방구를 찾는 사람들이 생겨난다. 그래서 찾은 것이 교육이다. 교육열이 불꽃처럼 타올랐다. 노예지옥에서 자유천국으로 가는 유일한 사다리로 보였던 것이다.

23. '교육을 어떻게 잘할 것이냐' 하는 '교육관'과는 상관없이, '위로 오르기만 하면 된다'는 뜨거운 열기로 이루어진 '교육열'이었다.

24. 교육이 있는 곳, 그곳은 서울이었다. 그래서 사람들은 어제도 오늘도 내일도

서울로, 서울로 몰려든다. 어린 유학생들뿐만 아니라 젊은 직업청년들도 마찬가지였다. 교육이 그곳에 있으니까. 돈도 일자리도 모두 그곳에 몰려 있었으니까.

25. 학교를 찾아서, 일자리를 찾아서 인구의 대이동이 시작된다. 처음엔 쪽방과 지하방과 달동네에서 거주하다가, 건축 붐이 일어나고, 서울 주변이 개발되고 확장되면서 서울 시민이 되어 간다.

26. 그러나 나아진 건 없다. 실낱같은 희망 하나를 지닌 채 '최소화된 인간'으로서의 생활을 이어 갔던 것일 뿐. 이땐 낭비라는 게 없었다. 근검절약, 저축이 지상명령과도 같았다. 생존을 위한 반드시 필요한 선택이었으니까.

27. 노예 상태를 벗어나기 위해, 죽음에 비유될 훨씬 더 비참한 상태로 스스로 뛰어드는 불나방 같은 존재의 모습들이었다.

28. 교육은 의식화(계몽화) 작업일 수밖에 없었고, 기득권자들은 이를 용서치 않았다. 그들의 이윤 구조를 해칠 수 있으므로.

29. 6070년대 당시로 보면, 주당 120시간 노동이 가능했다고 보인다. 밥 먹는 시간과 잠자는 시간을 빼면 거의 노동하는 것이 일상이다시피 했으니까.

30. 무엇을 위해서 그렇게까지 했는지, 지금의 1020 세대는 이해할 수 있을까? 지금은 교복을 왜 입냐고 따지지만, 그때 당시는 교복 입는 것이 자랑이었다. 절약도 됐고.

31. "과연 이렇게 계속 살아야 될까?"라는 물음을, 대학생들이 공장 노동자들에게 던져 주기에 이른다. "인간다운 삶은 이런 게 아니야. 너는 사육당하는 개돼지가 아니라 인간이야. 너는 너도 모르게 지금 착취당하고 있어"라는 것을 일깨워 주던 장면들이 공장들 곳곳에 있었다.

32. 이것은 공산주의에 대한 열망이었을까? 아니면 민주주의에 대한 열망이었을까? 둘 다 아닐 것이다. 인간 개인으로서 인간 자신에 대한 본질적 물음이자, '인간다움'에 관한 궁극의 해답을 얻고 이해하고자 하는 것일 터이다.

33. "노예도 아프냐?"와 유사한 인식이 기득권자들에겐 각기 다양한 형태로 존

재했다. 지금도 산재보험의 법제화를 반대하는 사람들이 여전히 존재한다. 청소부에게 어려운 영어 필기시험을 보게 하는 우리나라 최고의 학부와, 그것이 당연하다는 인식이 존재한다.

34. 인간이 인간을 배척하면서, 반려 동물을 키우고, 예방주사도 맞히고 하면서 매달 백만 원 가까이 들인다. 개와 고양이, 새와 쥐에게, 먹이를 주고 희로애락을 공유하면서도, 자기와 같은 인간에 대해서는 혐오와 거리두기를 마음에 품고 산다. 뭔가 이상하지 않은가?

35. 남편이 과장이 돼도 부장이 돼도 사는 데 여유가 안 생긴다. 아니, 여유가 점점 더 줄어든다. 왜? 탐욕과 집착에 스스로 지배당하고 있으니까. 미래를 위해 현재를 저당 잡히고 있으니까.

36. 집에 있는 시간보다 밖에서 지내는 시간이 더 많다. 아이들은 이 학원, 저 학원으로 뺑뺑이를 돌리고, 남편은 회사 사람들과 늦게까지 술 마시고, 아내는 부동산 시장 정보를 들으러 여기저기 모임에 다니기 바쁘다.

37. 서로 접촉할 시간이 없다. 각자 따로 논다. 아이는 게임 하고, 부부는 사랑 없는 피부마찰 접촉 관계로 끝난다. 어제 무슨 생각을 했고, 오늘은 또 어떻게 바뀌어서 무슨 다른 생각을 하는지 서로가 모른다. 알려고 하지도 않는다.

38. 공통의 관심사는 오직 돈이다. 서울대를 하느님처럼 모시고, 강남의 아파트를 하느님처럼 여긴다. 삶의 지혜는 필요 없다. 돈이 되는 정보만 필요할 뿐이다.

39. 산업화와 도시화가 가져다준 것은, '풍요 속의 빈곤' 같은 삶이라고 본다. 겉은 화려하지만, 속은 많이도 곪아 있다. 누가 살짝 스치기만 해도 폭발할 것 같은 불안과 분노가 잠재되어 누적되고 있는 것이다.

40. 약한 사람이 더 잔인하다. 자신의 약한 힘을 대신해 잔인함으로 채운다. 현 사회에 분노장애, 데이트 폭력, 무차별 충동적 살인 등에서 보이는 잔인함은 역설적으로 사람들이 나약해지고 있다는 반증이다.

41. 산업화 시대 당시는 '환경적, 경제적 문제'가 주로 연구 대상이었다면, 지금은

'정신적 질병의 문제'가 주요 관심사로 대두하고 있다. 인간을 가두는 족쇄의 성격과 성질이 바뀐 것이다.

42. 인간과 돈과의 관계가 깊어질수록 인간을 바라보는 시선도 관계를 보는 시선도 '매매적'이다. 즉, '쓸모가 있느냐, 없느냐'에 대한 자의적이고 독선적인 해석과 판단이 압도적 추세다.

43. 인간이 교환가치나 상품가치로 값이 매겨지고 그에 따라 대우를 받는다. 지식을 팔거나 기술을 팔거나 정보를 팔거나 귀족들이 좋아하는 미술품, 음악 연주, 패션 등의 재능을 팔아야 만족스런 돈이 된다. 그래서 그것을 사 주는 그들에게 굴종적일 수밖에 없고 '기생충'처럼 살아가게 된다. 을들끼리 서로 치열하게 경쟁하면서.

44. 누군가 '돈 없는 세상'을 꿈꾸는 사람이 있다면 그는 바보이거나 천재다. 그만큼 현실적이지 않다는 뜻이다.

45. 마지막으로 팔 수 있는 게 몸뚱어리다. 성매매, 인신매매, 장기매매 등으로 연명해야 되는 상황이 닥친다면 거의 최악의 상황이다.

46. 최악의 상황은 아니지만 대부분의 사람들은 '노동'을 팔아서 생계를 이어간다. 입안에 거미줄을 칠 수 없기에 노동을 팔아 '눈물 젖은 빵(괴테)'을 먹게 된다.

47. '자본주의'를 생각해 내고 주도하고 지배하는 기업가의 눈에는 인간은 나에게 이윤을 가져다주는 노동하는 인간(노동자)일 뿐이다. 돈을 투사(투자)해서, 노동을 수단으로, 이윤을 가져온다는 생각이 전부다.

48. 월급을 2백만 원 주면서 사장은 무슨 생각을 할까? 사장이 기대하는 것은, 그가 2천만 원의 이익을 가져와야만 서로 '합리적 관계'가 유지된다는 것이다.

49. 하지만 회사원(노동자)은, 딱 받은 만큼만 일해야 자신의 손해가 없다고 생각한다. 오늘날에는 더욱 더 그렇다. 내가 열심히 일해 봐야 사장 배만 불려주지, 내게 돌아오는 것은 성에 차지 않는 작은 인센티브뿐이니까.

50. 기업가는 단 세 가지만을 생각한다. '생산성', '수익성', '효율성'이 그것이다. 경

제인들이 가지는 일반적 사고 구조로서, 인간을 바라보는 관점이기도 하다.

51. '사람경영'을 하려면, 이러한 경제 원리 외에도 정치 원리도 함께 보태져야 한다. 정치인이 생각하는 세 가지는 '목적성', '시대성', '확장성'이다. 기업가가 목표를 세우면 모두가 합목적적으로 움직여야 하고, 도태되지 않기 위해서는 시대의 요구에 뒤쳐져서도 안 되고, 계속 확장을 해야만 한다. 문어발 식이건 규모 면에서건 '확장이 없으면 끝'이라는 생각이다.

52. 사람들이 보는 곳(것)을 똑같이 볼 수 있어야 정치인이다. 사람들의 생각과 동떨어진 생각을 가지고선 성공할 수 없다. 롤스로이스를 타고 출퇴근을 하더라도 버스 값은 알아야 한다. 쌀 값, 배추 값 몰라선 정치를 할 수 없다.

53. 자본가로서 기업을 하기 위해서는 경제인이면서 정치인이 되어야 한다. 결국은 '사람경영'으로 귀착되니까. 아마도 그래서 정경유착이 생겨나는가 보다.

54. 목적 없이 사는 사람은 '남이 주는 목표'에 맞춰서 살아야 한다. 남의 장단에 춤추는 인생이 되고 만다. 따라서 노동으로 생계를 유지하더라도 자기 목적을 가지고 인생을 살아야 한다.

55. 생명과 안전에 대한 목적 이외에도 자유와 평등에도 역시 목적을 두어야 한다. 자기가 원하지 않는 억압과 족쇄에서 벗어나야 하고, 또 함부로 대하는 부당한 대접을 받지 않기 위해서도 그렇다.

56. 신체의 자유, 사상의 자유는 기본이고 그 외에도 여러 형태의 자유를 누릴 수 있어야 하는데, 방임과 억압 사이에서 컨트롤이 쉽지가 않다. 그래서 '사회적 책임'과 함께 누려야지, 남을 해치면서까지 누리려는 이기적인 자유가 되지 않는다.

57. 누구나 품는 욕망과 이기적 충동을 제어하는 또 하나의 사회적 장치가 '평등'이다. 불완전한 불평등, 양극화 사회가 완전한 사회로 나아가기 위해서는 평등은 당연 필수다.

58. 그런데, "수천 년 동안 불평등 속에서 살았는데, 웬 느닷없이 뜬금없이 평등이냐?"라고 묻고 따지는 사람들이 있다. 이들에게는 자유와 평등의 요구가

불평, 불만의 소리로 들린다. 이들은 돈과 권력과 명예를 이미 획득한 자들이다. 즉, 뺏기지 않으려는 생각으로 가득 찬 기득권자들이다.

59. '이미 이룬 자'와 '이루려는 자'와의 견해 차이는 하루아침에 생겨난 게 아니다. 수천 년 동안 자라나고 커져 버린 억압, 핍박, 경멸, 혐오, 배제, 수탈, 강탈 등의 누적으로 생겨난 '차별화'에서 비롯된다.

60. 기득권자들의 눈에는, '주는 것'만 불평 없이 먹어야 하는데, 생각지도 않았던 것들을 턱없이 요구하는 모습이 전혀 달갑지 않은 것이다.

61. '나는 무엇을 줄 수 있는가?'라는 물음에 답해 보자.

62. 관심과 돈을 지불할 수 있으면 소비자다. 노동을 제공할 수 있으면 노동자다. 친절과 미소를 줄 수 있으면 서비스 종사자다. 즐거움과 웃음을 주면 연예인이나 코미디언이다. 몸을 기꺼이 제공하면 매춘종사자다. 지식을 주면 교사, 교수다. 젖이나 우유를 주면 엄마다.

63. 이로써 '내가 누군지'를 알게 된다. 나아가서 '내 가치'를 알게 된다. 더 나아가 '앞으로 내가 무엇을 해야 할지'도 깨닫는다. 더 나아가서 '누구를 가까이 하고 누구를 멀리할 건지'도 결정한다.

64. 아무것도 줄 게 없다고 생각되면 '자기 존재감'이 사라져 절망에 빠진다.

65. 어떤 노래(러시아 민요)의 가사 속에서, 전 재산을 털어 백만 송이의 장미를 사서 밤새 사랑하는 그녀의 집 앞에 뿌려 놓고는, 그녀가 아침에 베란다 창문을 열고서 장미로 뒤덮인 집 앞 풍경에 놀라며 환한 웃음을 짓는 모습을 몰래 숨어서 지켜보다가 뒤돌아서는, 더 이상 그녀에게 줄 것이 없어 떠나는 가난한 화가를 상상해 보시라.

66. 월급 전부를 아내에게 갖다 바치고, 더는 줄 게 없어 아내를 기쁘게 하지 못하고, 구박 받는 샐러리맨을 상상해 보시라.

67. 좋아하고 사랑하는 연인이나 가족에게, 또는 친구나 동료에게 나는 무언가를 줄 수 있어야 한다는 정신적 압박 속에 살아가고 있다. '일'도 마찬가지다.

68. 인생은 결국 쇼라고? 절반은 맞는 셈이다. 뭔가 보여 줄 수 있어야 한다. '나

는 무엇을 보여 줄 수 있는가?'라는 물음 앞에 또다시 서게 된다.

69. 인격, 재능, 지식, 기술, 힘, 권력, 얼굴, 몸매, 피부, 학력, 인맥 등등 보여 주어야 할 게 너무도 많다. 조건들을 다 갖추려니 너무 벅차고 피곤한 인생이다.

70. sns에 떠도는 우스갯소리가 있다. 세상에 가장 소중한 금 세 가지가 황금, 소금, 지금이란 걸 아내에게 카톡으로 보내자, 아내는 '현금 지금 입금'이라고 답장을 보내왔더라는 웃픈 유머다.

71. 우리 머릿속을 떠나지 않는 돈에 대한 관념은 이제 거의 집착에 이를 지경이 됐다.

72. 주는 것도 돈이고, 보여 주는 것도 모두 '돈의 값'으로 통한다. 상대도 그걸 원한다. 이유는 그게 서로 편하단다. 결혼식, 장례식, 돌잔치, 칠순잔치에서도 돈, 감사 표시도 돈.

73. 돈이 곧 인격이고 재능이다. 어떤 대기업은 월급 외에 품위를 유지하라는 명목으로 돈을 따로 준다. 일명 '품위유지비'다.

285. 세상이 엄청나게 변했으니 질문도 바뀌어야겠죠?

286. '존재(being)'가 중요할까요, '설명(is)'이 중요할까요?

287. 설명이 중요한 세상이 되었습니다. 특히 '디지털 세상'에서는요. '메타버스'가 그만큼 중요하게 인식되기 시작한 것입니다.

288. 앞서, 지식과 정의(定義)에 대한 구분을 했는데, 오늘날의 세계는 '정의되는 것'이 매우 중요하다고 했습니다. '추적국가'에서 '선도

국가'로 나아가는 전환점에 서 있는 우리에겐 참으로 중요한 대목입니다.

289. 정보사회에 대한 언급도 했습니다.

290. 지금부턴 '데이터(data)'와 '메타 데이터(meta-data)'에 대해서 말씀드리겠습니다.

291. '데이터에 대한 데이터'가 메타 데이터입니다.

292. 가령, 어떤 사진 한 장이 있으면, 그 사진은 데이터이고, 그 사진을 찍은 장소와 시간에 대한 기록은 메타 데이터입니다. 사진기에 GPS장치가 달려 있어 자동으로 위치가 기록되는 겁니다.

293. 김철수는 데이터입니다. 검색해 보니, 정치인, 마라톤, 바이러스 백신, 가족사항, 학력, 군 경력, 별명 등이 출력되어 나오는데, 이런 것들이 바로 '메타 데이터'입니다.

294. 가령, 몇십 년 후 김철수가 사망함으로써 김철수란 '존재'가 세상에서 지워졌습니다. 그러나 김철수에 대한 '기록', 즉 메타 데이터는 영속합니다.

295. 따라서 존재보다 '설명 기록'이 더욱 중요한 위치를 차지하게 되는 '인식의 역전' 현상이 나타났습니다.

296. 식량, 아파트, 명품백, 자유, 평등, 권력, 노동, 인구, 에너지 등등은 '존재'에 관한 것들입니다. 그러나 이에 대한 각종 통계 자료들은 메타 정보가 됩니다.

297. 새로운 정보를 주는 것이 뉴스입니다. 어제까지는 일어나지 않았던 일이 오늘 일어났으니 'new-s'인 것이죠. 그런데 A라는 곳에서 1명이 사망했고, 동시에 B라는 곳에서 100명이 사망했으면, B의 소식을 자세히 오래 전하는 게 '뉴스'고, B 소식은 빠진 채 A 소식만 전하는 것은 의도를 가진 '가짜뉴스'가 됩니다.

298. 범죄수사에서 하는 '디지털 포렌식(digital forensics)'은 메타 데이터를 수집하는 일, 즉 '법과학 기술'입니다.

299. 범죄수사에서 '디지털 포렌식' 결과에 대해서 우리가 신뢰를 보내는 이유를 찾는다면, 세계가 아날로그 세계에서 디지털 세계로 옮겨 가는 전환기에 놓여 있다는 사실을 인정함과 동시에, 데이터보다 메타 데이터를 더 신뢰하게 되었다는 사실의 인정입니다.

300. 국과수에서 시체를 부검해서 얻는 정보만큼이나, 디지털 포렌식으로 얻는 결과를 신뢰하게 됐습니다.

301. 청소년들이 게임에 푹 빠지는 현상과 드라마 '오징어게임'에 세계가 열광하는 문화 현상도 '메타 세계(메타버스)'에 대한 관심도가 높아졌기 때문입니다.

302. 게임은 프로그램에 의한 것입니다. 프로그램은 하드웨어 프로그램과 소프트웨어 프로그램(운영체계)으로 구분할 수 있습니다. 컴퓨터 프로그램 안에 들어가서, 액셀 프로그램을 가동시키는 것을 연상하시면 됩니다.

303. 개인은 소프트웨어 프로그램을 짜고, 국가는 하드웨어 프로그램을 짭니다. 어플과 스마트폰의 관계를 연상하시면 됩니다.

304. 하드웨어 프로그램이 소프트웨어 프로그램의 방향을 제어 관리하고, 소프트웨어 프로그램들이 하드웨어 프로그램에 영향을 주거나 교체하기도 합니다.

305. 그래서 '플랫폼'이란 개념이 탄생하게 된 것입니다.

306. 개인은 철저하게 욕망과 이익을 위해 프로그램을 짜지만, 국가는 평등, 복지, 공정, 정의 같은 좀처럼 바꿀 수 없는 대원칙에 따라서 프로그램을 설계합니다.

307. 개인은 욕망에 따라서 주식 시장과 부동산 시장을 수시로 옮겨 다니지만, 국가는 통째로 프로그램을 바꾸지 않는 한 쉽게 옮길 수가 없습니다.

308. 50조 원의 재정을 움직이더라도 정부 재정 프로그램에 의해서만 움직여야 하고, 종전선언을 반대해도 국방 프로그램과 국제관계나 남북관계에서의 외교 프로그램과 남북 프로세스에 따라야 합니다.

309. 정부의 하드웨어 프로그램과 개인의 소프트웨어 프로그램이 충돌하게 될 때는, 어딘가는 수정을 필요로 합니다. 그것을 결정해 주는 것이 메타 데이터입니다.

310. 메타 데이터의 특징은, 위·변조가 불가능하다는 데 있습니다.

311. '블록체인'에 대해 말씀드리겠습니다.

312. 블록체인은 한 마디로 '거래 장부'입니다. 얼마에 사고 얼마에 샀다는 기록이 저장된 '분산 장부'입니다.

313. "전문가에 의하면"이라는 말을 언론에서 흔히 접하는데, 매우 모호한 말입니다. 도대체 '무슨 전문가'란 말입니까?

314. '과학자'라는 말도 마찬가지입니다. 수없이 많은 응용과학 분야가 있는데, 과학자라는 말로 퉁치는 건 완전 사기죠. 모든 응용분야에 두루 통달한 과학자란 없습니다. '기술자'도 역시 마찬가지죠. 전기 기술자가 통신 기술에는 대개가 문외한이거든요.

315. '지식'도 마찬가지로 블록체인과 연결해서 볼 수 있습니다.

316. 가령, 표창장 위조에 검사의 7년 구형과 판사의 4년 징역 판결에 관해서 본다면, 구형과 판결은 '부당거래'에 해당합니다. 즉, 정당하고 정상적인 법률지식의 거래가 이루어지지 않은 겁니다.

317. 수많은 판례들에서 보이는 '정상거래들'이 반증사례가 되기 때문입니다.

318. 사법부가 판례들을 공개 혹은 공유하지 않으려는 것은, 부당거

래, 즉 내부자 거래를 허용하는 셈인 거죠. 표창장 하나에 4년 징역을 가능하도록 내부승인을 하는 셈입니다.

319. 이것을 방지하는 기술이 바로 블록체인 기술입니다. 과거의 판례 기록을 분산 공유함으로써, 위조와 변조를 못 하게 하여, 비정상 내부자 거래를 퇴출시키는 것입니다.

320. 법률이든 과학이든 지식 거래에서 부당한 독점적 행위를 방지하는 지식 공용장부 역할을 하는 게 블록체인 기술인 셈입니다.

321. 이 기술은 돈 거래나 부동산 거래에서도 사용됩니다. 거의 무한대 영역에서 사용됩니다.

322. LH공사가 어떤 지역에서 무슨 개발을 하고 거기서 얼마만큼의 이익이 발생하며, 그 이익을 어떻게 배분하는가에 대한 '분산기록장부'가 투명하게 공유되면 누구도 딴짓을 못하게 됩니다. 비정상적, 독점적인 내부자 거래가 허용되지 않게 되므로 누군가의 조작은 원천적으로 불가능합니다. 도로를 자기 땅 앞으로 휘게 해서 수백 배의 부당이익이 생기는 일도 발생하지 않습니다.

323. 비트코인은 거래 수단이 됩니다. 금융 영역에서는 A코인으로 거

래되고, 부동산 영역에서는 B코인이 사용된다고 가정하면, 알트코인 A와 B는, 비트코인을 통해서만 거래됩니다.

324. 또한 코인을 사고팔면서, 금융 정보의 공유가 가능합니다.

325. 코인의 값은 정보가치와 비례합니다. 가령, 개발 사업에서 1조 원의 개발 이익이 생기고, 사업을 주관한 개발공사가 코인을 통해서 투자를 받고, 코인의 발행을 10만 개로 한정한다면, 코인 하나의 값은 1천만 원에서 거래가 되겠죠. 이것을 다시 비트코인으로 환산해 거래하면서 현금화할 수 있게 됩니다.

326. 개발공사가 개발 수익을 100억 원으로 예상했는데 실제 1조원의 이익이 생겼다면, 코인을 10만 원에 사서 1천만 원에 팔게 되는 겁니다.

327. 정부가 비트코인과 같은 형태의 코인을 발행해서, 전국의 개발에서 얻는 전체이익을 전 국민에게 골고루 나누어 준다면, 독점적 내부자 부당거래는 모두 사라지고 이익을 모두가 공유하는 일명 '개발이익 국민 환수제'가 되는 겁니다.

328. 메타시장(meta-market)을 향후 10년간 세금 부과 없이 키워서 제

2의 시장을 만들어야 한다는 생각입니다.

329. 메타시장은 전 세계에 뻗어 나갈 수 있는 무한 확장성을 가진 무한대 시장입니다. 꼭 선점해야 합니다.

330. 여기에 '평행이론'을 들이대는 건 무지의 소치입니다.

　※ 평행이론
　　• 평행우주 : 서로 다른 두 개의 별에서 똑같은 삶이 있다.
　　• 평행이론 : 서로 다른 두 시대에 똑같은 삶이 존재한다.
　　• 도플갱어 : 같은 시공간 안에 있는 또 하나의 나를 본다.

331. 개인의 경우, 의식주 및 이동 문제를 제외하고는, 모든 것들이 메타시장에서 이루어질 수 있습니다.

332. 기업의 경우, 제조업과 기술 발전을 제외하고는, 새로운 블루오션 시장이 창출됩니다.

333. 세계자본총량이 늘어납니다. 얼마만큼 늘어날지 감히 예측키 어려우나, 최소한 두 배 이상입니다.

334. 메타시장은, 지역편차를 줄이고 지역소멸 역시 막게 해 줍니다. 궁극적으로 전 지역을 하나의 시장으로 묶을 수 있습니다.

335. 아날로그 거래가 디지털 거래로 점차 확대 이행하고, 이를 통합해서 연결해 주는 곳이 메타시장이 됩니다.

336. 메타시장에서는 금리, 환율 등의 문제로 골치 썩일 일이 없습니다. 물론 비트코인이 시장의 중심이 됐을 때이지만요.

337. '정착농업-상업자본-산업자본-금융자본-메타자본'으로 이어지는 자본 이동 수단은 지금 세계적 대전환기에 와 있습니다. 지금 10년이 뒤쳐지면 100년의 격차가 발생합니다.

338. 자본 조달도 점차 메타시장이 떠맡게 됩니다. 가령, 아날로그 은행들을 카카오뱅크나 K뱅크 같은 비대면 뱅크로 빠르게 대체할 겁니다.

339. 현실에서는 100달러를 바꾸기가 어렵지만, 메타시장에서는 10,000달러까지도 쉽고 빠르게 교환할 수 있습니다. 그만큼 변동성도 크지만 또한 그만큼 역동성을 가집니다.

340. 지금처럼 급격히 빠르게 변화하는 시대가 언제 있었습니까?

341. 아날로그 시장에만 맡겨 두고 감당하기엔 너무나 벅찬 세상입니다. 메타시장 세계에 대한 새로운 인식과 필요성은 급격히 그리고 절실하게 대두됩니다.

342. 가만히 앉아서 생각하는 시대는 지났습니다. 계속 움직이면서 생각하고 다시 또 움직이면서 생각해야 살아남습니다. 앞의 풍경들이 정신없도록 속속 빠르게 바뀌면서 옆으로 지나가고 있습니다.

343. 맨 앞에서 세계를 필연의 세계와 우연의 세계로 구분해서 보았습니다.

344. 한 걸음 더 나아가, 필연 세계와 당위 세계, 그리고 가능 세계로 다시 三分해서 보겠습니다.

345. 동양의 많은 사상가들은 인간의 선함(good)을 자연스러움(nature)에서 찾았습니다. 자연과 인간의 조화 내지는 인간의 자연 동화였고, 이것이 정상(normal) 상태였던 것입니다.

346. 인간에 대한 성격 규정을, 서양에서는 '초월적인 神'에게서 찾았

다면, 동양에서는 '자연'에서 찾은 거라 볼 수 있습니다.

347. '자연스럽다'라는 것은 곧 선함(good)이요, 아름다움(beauty)입니다. 진선미(眞善美)라는 개념도 여기서 비롯됐습니다.

348. 다시 본론으로 들어가겠습니다.

349. '인간다움'을 어디서 찾느냐 하는 문제에서, 가까이는 '자연'에서, 멀리는 초자연적 존재 '神'에게서 찾았습니다. '내 안에서 우러나는 것'이냐, '멀리로부터 부여받은 것'이냐의 설명적 차이가 있습니다.

350. 그리고 자연이든 초자연이든, 일단 설명에 모순이 없어야 합니다.

351. 모순은 이질감, 낯섦, 갈등, 분열, 분쟁, 파괴, 불행 등을 낳기 때문입니다. 가령, 해일이나 가뭄이나 지진이나 코로나 팬데믹같이 모순처럼 느껴지는 예상 밖의 등장에, 이루어 놓은 모든 것들이 일시에 파괴되기 때문이죠.

352. 그러기에 모순이 없으려면 자연의 일정한 법칙을 알아야 하겠고, 법칙은 대자연의 법칙으로, 원인-결과의 필연적 관계를 인식함으

로써, 예측과 기대를 가질 수 있도록 해야 합니다.

353. 그래서 인류는 수천 년에 걸쳐서 필연 세계를 연구하고 설명들을 구축해 왔습니다.

354. 우리에게는 항상 모든 것이 '우연이란 결과'로 나타나지만, 곰곰이 생각해 보면 거기엔 '필연적 원인'이 있다는 것을 확신케 해 준다고 보는 것입니다. 자연법칙, 신의 섭리 등이 모두 여기에 해당하는 과학적 설명과 종교적 해석입니다.

355. 이는 세계에 대한 '구조적 이해'입니다.

356. 구조 다음으로 우리는 그것의 '의미' 또한 알고자 했습니다.

357. 가령, '죽는다'는 것이 어떤 의미인지를 고민하고 알아서, 그로부터 우리의 삶을 역추적해서 되돌아보고, 또한 미래를 추론해서 생각하고 계획하려 했기 때문입니다.

358. 가령, 회사에 입사해서 회사가 어떻게 돌아가는지 회사구조를 필히 알아야 하고, 또 자신의 위치와 권한을 깨닫고, 어떻게 대처해야 하는지를 알아서, 내가 앞으로 해야 할 것과 해서는 안 되는 것

의 내용과 의미를 파악하는 일이 요구되기 때문입니다.

359. 이것은 '당위의 세계'에 해당하고, '의미의 이해'가 주요 핵심입니다.

360. 자주 드는 예로, 칸트의 '실천이성비판'과 원효의 '화쟁론(和諍論)'
을 소환해 보겠습니다.

361. '神은 있다'와 '神은 없다'라는 끝을 모르는 논쟁에서 칸트는, '神은
있어야 한다'라는 실천적 명제를 통해서 문제를 해결했습니다.
즉, '당위의 세계'를 제시해서 '의미론적 이해'의 필요성을 촉구한
것입니다.

362. 교(敎)와 선(禪)의 무수한 종(宗)들의 난립과 대립에서 원효는,
"손가락 끝을 보지 말고, 그 너머에 있는 달을 보라" 하여, 당위의
세계로, 달(본질)의 의미에 대한 이해를 구하게 했습니다.

363. 구조를 세우는 것(立)과, 의미를 구하는 일(求)은, 모두 중요한 일
입니다.

364. 오늘날 우리는, '상식이 무너지고, 의미가 변색되는' 혼탁한 세상
에 살고 있습니다.

365. 우리는 지금, 무엇을 알아야 하고, 어떻게 해야 하며, 나아갈 방향이 어디인지를 심각하게 고민해야 하는 시점에 놓여 있다고 봅니다.

366. 마지막으로 '가능의 세계'에 대한 것입니다.

367. 많은 청년들이 자신들의 "미래를 빼앗겼다"며 분노합니다.

368. 현재의 한국 사회를 '불공정'으로서 정의합니다.

369. 그러나 깊게 들어가 보면, '불공정' 이전에, '불평등'이 뿌리로서 자리하고 있다는 것을 알게 됩니다.

370. '기회의 평등'을 유지해 주는 장치가 '입시 공정'과 '취업 공정'인데, 입시 전과 이후, 취업 전과 후, 모두 똑같은 '현실지옥'이라는 것은 변하지 않습니다.

371. 우리의 세계를 임의로 정의한다면, '현실지옥'과 '이상천국'으로 나누어도 볼 수 있는데, 현실지옥에서는 오징어게임이 될 수밖에 없습니다.

372. 지붕 위에 먼저 올라간 기득권 세력이 위로 오를 사다리를 걷어

차 버린, 이미 '기울어진 운동장'인 관계로, '공정'이 헛구호에 불과해서 아무런 의미가 없게 된 것입니다.

373. 양손이 묶인 상태에서 권투시합을 하는 셈인데, 청년들은 이미 오래전부터 존재하지도 않는 '공정(fairness)이라는 허상'을 뒤쫓고 있는 셈입니다.

374. '잃어버린 공정의 세계'를 되찾아 오려면, 기울어진 운동장을 평평하게 다시 펴야만 가능한 일입니다. '원래 없었던 것'인지, '지금 잃어버린 것'인지를 누군가는 설명해 줘야 할 것 같습니다.

375. 90 대 10의 '자산 불평등구조'를 바로잡아야 한다면, '소득의 공평' 이전에 '자산의 공평'부터 살펴봐야 합니다.

376. 그래야만 현재는 닫혀 있는 '가능 세계'의 문이 다시 열릴 수 있습니다.

377. '가능한 세계'를 논하려다 보면 '시간 세계'의 지식을 먼저 구축해야 합니다. '시간의 의미'란 저의 詩 한 수를 소개합니다.

378. 과거와 미래는 존재하지 않습니다. 존재하는 것은 오직 현재뿐입니다.

379. 과거란, 현재를 '두텁게 하는' 기억들의 총합입니다.

380. 미래란, 앞으로 닥칠지도 모르는 새로운 현재에 대한 걱정 혹은 기대로 생겨난 상상의 산물입니다.

381. 시간과 공간은 실재(實在)가 아닌, 질량과 에너지를 갖지 않은 추상(추론과 상상)일 뿐입니다. 이것을 인식의 형식(감성 형식)으로 낚아챈 사람이 칸트라는 관념론 철학자입니다.

382. 과연 시간과 공간의 형식을 빌리지 않고서 세상을 이해할 수 있을까요?

383. 움직이지 않으면 '존재'가 되고, 움직이면 '시간'이 됩니다.

384. 어떻게 움직이는가를 보려면 시간과 함께 공간으로 이루어진 좌표가 있어야 합니다.

385. 수학적으로 시간과 공간을 상정한 사람이 물리학자 뉴턴이며, 이를 철학적 형식으로 상정한 사람은 칸트이며, 아인슈타인에 의해서 '좌표'가 등장합니다.

386. 또한, 좌표계에서 내가 움직이는 것이 의미가 있으려면 제3의 관측자가 있어야 합니다.

387. 양자역학적 해석으로는, 주관과 객관이 분리되는 순간부터 시간과 공간이 생겨납니다.

388. 내가 철학자라고 가정하면, 물리적 측정 도구가 없기 때문에 측정값을 도출할 수 없지만, 대신 생각의 도구인 '논리'가 있기 때문에, 측정 대신에 추론이란 것이 가능합니다.

389. 천문학에서는 빅뱅 이후 우주의 탄생이 이루어졌다고 합니다. 또한 빅뱅 이후부터 시공간이 생겼다고 합니다. 그리고 빅뱅 이전

에 시공간이 존재(存在)했는지는 알 수 없습니다. 단지, "정의(定義)할 수 없다"고만 말합니다.

390. 기차 시간에 맞추기 위해 '시계'가 탄생했습니다.

391. 시간을 구현시키는 것이 시계라면, 인공지능을 구현시키는 건 로봇이 될 것입니다.

392. 시계가 없다면 우리는 사는 데 있어 많이 불편할 것입니다. 시간과 변화를 못 느끼므로.

393. 한편, 기억이란 게 없다면 시간은 우리에게 무의미합니다.

394. 과거와 현재를 연결해 주는 건 기억이며, 현재와 미래를 연결해 주는 건 상상입니다. 따라서 과학기술시대, 인공지능시대가 되었음에도 인문학적 상상력은 여전히 그 존재 의의가 있습니다.

395. 과거와 현재와 미래는 '시간을 측정한 값'이거나, 논리적으로 '추론하는 형식'입니다.

396. 시간과 공간을 통해서 세계를 알고 설명하고 이해하려면, 먼저

'전후관계'를 따져야 하고, '상관관계'를 알아야 하고, '인과관계'를 밝혀내야 합니다. 이것이 관계 이해의 기본입니다.

397. 탄생의 문제, 존재의 문제, 변화의 문제, 죽음의 문제 등 우리의 모든 삶의 문제는 시간을 빼놓고는 아무것도 말할 수 없습니다.

398. 현재에는 눈앞에 나타나 있지 않지만, 미래에 나타날 수 있는 가능성(개연성, 확률)은 우리에게 얼마나 열려 있을까요?

399. 혹시, 영원(永遠)이나 환생(幻生)은 가능할까요?

- 영원 = 無변화 = 無시간
- 영원 = 시간을 무한대로 설정
- 환생 = 반복 회귀는 시간의 무한 작용

400. 영원의 시간이란, '가상의 시간 없음 설정'입니다. 즉, 시간이 끊긴 상태입니다.

401. 자연 시간은 연속하지만, 의식 시간은 단절되어서 흐릅니다.

402. 끊어지지 않는다고 가정하면, 생각 자체가 불가능합니다. 마치,

담벽이나 문패가 없어서 자기 집을 못 찾는 경우로 볼 수 있습니다. 과거와 현재와 미래를 구별해서 상정할 수도 없습니다. 밤과 낮의 활동이 구분되지도 않습니다. '시간의 그물'이라는 저의 詩를 소개합니다.

시간의 그물

예외적으로 시간 밖에 서 있어 보았다
흐르는 시간을 멈춰 세울 수 없어 그리했다
시간 안에선 모든 것들이 변하고 바뀌니까

시간 안엔 오밀조밀 그물이 쳐져 있었고
안에서 발버둥치는 군상들의 아우성이 들렸다
그 안은 찐득한 아수라의 세계였다

시간이 공간을 불러와 時計를 선물했으나
그것은 時制의 함정이었고 또 다른 그물이었다
三分의 計를 둘러싼 희망과 절망의 질곡이었다

시간은 또 관념의 그물까지를 놓았다
어수선한 행동에 관념이 섞이도록 한 것이다
그리고 마침내는 왜곡과 기만을 낳는다

곡예를 하듯 짐승들끼리 서로 먹이가 되고
삶은 윤회를 거듭하고, 죽음은 관념화되고

진실과 거짓은 하고자 하는 대로 되어졌다

갈라치고 합치기를 골백 번으로 이어지더니
종내는 그것을 일컬어 발전과 성장이라 하더라
그물들을 디밀수록 조밀하고 고약해지는데도

많이 걷고 뛰고 때론 날개 없이도 날으려 하며
모두가 한 방향으로만 힘겹게 죽기살기로 뛴다
마치 먼저 멈춰서면 죽기라도 하는 듯이

창문 밖으로 보이는 폭우는 진풍경이어도
창문 밖에서 맞이하는 폭우엔 진저리 친다
우린 결코 시간의 그물을 벗어날 수 없다는

403. 추론을 한다는 것은 가능성을 좁혀 간다는 뜻입니다. 즉, 가능성을 줄이면서 현실성을 높여 가는 일입니다. 즉, 결론을 어떻게든 내야 합니다. 추론은 '결론을 내기 위한 작업'이니까요.

404. "모든 것이 테이블 위에 놓여 있다"라는 말은, '가능성이 무한대로 열려 있다'는 뜻입니다. 결국 '아무것도 안 하겠다'는 뜻이기도 하고, 하나마나 한 헛소리를 하는 셈입니다. 혹은 상대에게 공포심을 주려는 전략으로도 볼 수 있습니다. 앞으로 뭘 할지 전혀 모르기에. 어떤 힌트도 안 준 셈이니까요.

405. 한편, 우리에겐 '오류가능성'은 언제나 열려 있습니다. '기계의 고장'처럼 '인간의 오류'는 언제나 전제되고 예상할 수 있어야 합니다. 무오류(無誤謬)는 신(神)의 영역일 뿐입니다.

406. 가능성의 세계는, 현실 세계보다도 훨씬 광대한 세계입니다. 無는 아니지만, 有의 무한대 영역입니다.

407. 현재에서 미래에 일어날 일을 예측한다는 것은 필히 오차가 생길 수밖에 없습니다. 그 오차가 바로 예측의 오류가 되고, 오류가 생길 가능성(개연성)을 확률로서 인식할 수밖에 없습니다.

408. 오판할 가능성이 1의 여지도 없을 때, "100% 확신한다"고 말합니다. 그러나 대부분 낭패하기가 쉽습니다. 21세기 현대에서는 100% 장담하는 게 아닙니다.

409. 가능성 타진의 순서는?

1) 먼저, '논리적으로 가능하냐'를 먼저 따집니다.
2) 그 다음이, '이론적으로 가능하냐'의 과학 문제입니다.
3) 그런 다음, 기술적 가능성을 따집니다. 산이 막혀 있으면 고속도로를 까는 게 이론적으론 가능해도 현재 기술로는 불가능할

수 있으니까요.

4) 그런 다음, '현실적으로 가능하냐'를 따집니다. 아파트가 들어
설 환경조건이 되냐를 따집니다.

5) 그런 다음, '경제적으로 가능하냐'를 따집니다. 1억 원을 들고
10억짜리 집을 지을 수 없으니까요.

410. 서양세계와 동양세계가 최근에 들어와 크게 충돌하고 있습니다.
대륙세력과 해양세력의 문명충돌로도 보이고, 미중 간 경제전쟁
으로도 보입니다. 좁게는 반도체전쟁이기도 합니다. 한편으론 통
화전쟁으로 보이기도 합니다.

411. 그러면 서양세계와 동양세계가 어떻게 다른지 지식 형성 구조의
차이를 보겠습니다. 지식과 지혜에 관련한 제 글을 소개합니다.

서양의 지식이 동양의 지혜보다 우월한 까닭은 (2009.4.24.)

지식과 지혜의 추구에 있어서는 서양이나 동양이나 별반 차이가 없다. 차이가 있다면 서양에서는 지식을 '축적'하고 '공유'한다는 점이 다르다. 서양의 지혜란 것도 결국 이런 지식의 축적과 공유를 기반으로 해서 지속적으로 업그레이드 된 '축적의 결과물'이다. 어느 날 갑자기 번개처럼 스치고 지나가는 영감에 의해서 얻어지는 것이 아니라 축적된 선조들의 지혜들로부터 실마리를 찾아 '새로운 문제해결 방법'을 찾아내는 '노력의 결과물'이 바로 서양의 지혜인 것이다.

그러나 동양은 서양이 갖고 있는 '지혜의 창고'를 갖고 있지 못한 것 같다. 공맹을 공부하는 사람은 기존 지식의 이해와 습득에만 평생 동안 전념하면서 마치 자신들만의 소유물인 양 '공유'하려 들지 않는다. 그리고 도불에 귀의한 사람들은 이런 '케케묵은 지식'을 멀리하고 '지혜의 발견'에 몰두하나 이들에게는 '축적'이라는 단어를 모른다. 어렵게 발견된 지혜가 반짝 나타났다가 홀연히 사라져 버리는 것이다. 그래서 공맹이나 도불의 경우에는 지식이건 지혜건 업그레이 드라는 것이 없게 된다. 그러다 보니 밖으로 널리 뻗어 나가기보다는 점차로 안으로 침체되기 일수다. 즉 현실과 점점 동떨어져 가고 있다. 가지고 있는 지혜를 축적하지도 공유하지도 못한다는 것은 더 이상의 발전이 없게 된다는 것을 의미한다.

서양은 이미 더 이상의 '지혜의 발견' 없이도 그동안 축적된 지식만 가지고도 현실에 닥친 난관을 헤쳐 나갈 힘이 있다. 반면에 동양은 그동안 수많은 천재들에 의해 발견된 지혜들이 '축적'되지도 '공유'되지도 못한 까닭에 끊임없이 새로이 지혜를 발견하고자 애써야만 하는 수고로움이 뒤따른다. 그러나 현대의 복잡하게 얽힌 문제들을 해결하고 새로이 생겨나는 난관들을 헤쳐 나가기에는 그간의 축적된 힘이 없으므로 그 천재들에게도 힘에 부쳐 보인다. 그런 까닭에 허황된 발상을 가리켜 획기적인 지혜라느니 하는 억지 주장이 난무하게 되는 것이다. 더욱이 그것을 증명하거나 반증할 기준이 없기에 혼란만 가중된다.

이제라도 늦지 않다. 동양의 지혜가 서양의 논리적이고 과학적인 지식보다 우월하다는 자부심을 남김없이 버려야 한다. 이를 증명하기 위해 억지 궤변을 뜯어다 붙이지 말고 순순히 서양의 지식이 우월함을 인정해야 할 것이다. 이것이 시작이다. 이로부터 우리는 새로이 지식 기반을 형성하면서 이제부터라도 '축적'과 '공유'가 가능한 지식과 지혜를 쌓아 가야 한다. 그래야 새로운 미래가 열리는 것이지, 아집과 편견만 가지고는 저만치서 앞서가는 서양을 극복할 수 없다.

그러자면 우리에게 지금 필요한 것은 무엇인가. 우선 지식 공유의 기반이 되는 민주주의의 정착이며 지식정보의 민주화와 개방이 첫 번째 조건이 된다. 그다음이 언론의 공정성을 되찾는 일이며, 그다음이 독점자본의 횡포를 물리치는 일이다. 이런 조건들이 충족되지 않고서는 지식의 건전성이 보장받지 못하며 따라서 축적되지도 못한다. 그리고 건전한 지식의 공유가 제한받기 때문에 그만큼 발전에 속도를 내지 못하게 된다.

혹시라도 이런 지식이나 지혜의 우월적 지위에 대한 서양의 편애를 '양시론'으로 무마하려는 시도는 않는 게 좋겠다. 왜냐하면 이는 '경쟁의 논리'를 터부시하게 되는 자기모순에 빠지기 때문이다. 해석상 '상호보완적'이라기보다는 '비교우위론'이 이 경우에 맞지 싶다. 하찮은 자존심 때문에 자신에 대하여 보다 정확하게 이해하는 것을 게을리하고 자기보다 나은 상대로부터 배우는 것을 부끄러워한다면 참다운 지식인으로서의 자격이 없다. 나보다 나은 것을 인정할 줄 알고 그것을 배우는 데 거리낌이 없어야 발전된 미래가 있다.

그렇다고 서양을 무조건 따르고 익히라는 것은 아니다. 그런 것은 맹목적 추종에 불과할 뿐이다. 서양도 수많은 시행착오를 거쳐 왔기에 그것을 반복할 필요는 없다. 오히려 그들보다 제3자인 우리가 더 훌륭한 반성적 고찰을 할 수 있다. 좋은 것은 배우고 나쁜 것은 버리면 된다. 서양이 가진 좋은 것 중의 대표적인 것이 논리적인 사고와 과학적인 사고이다. 이것이 '지식 축적'의 동력이 된 것이다. 그런데 유념할 것이 하나 있다. 현대과학철학의 이론(토마스 쿤의 '과학혁명의 구조')에 따르자면 과학적 지식은 축적된 것이 아니라 '패러다임의 변화'일 뿐이라는 것이다. 그래서 너도 나도 심심치 않게 이 패러다임이라는 용어를 사용한다. 그런데 '패러다임의 변화'로 해석될 수 있는 것도 결국 '축적된 과학지식'이 전제되어야 한다는 것이다. 우리처럼 축적된 것이 아무것도 없는 상태에서 패러다임의 변화를 아무리 외쳐 봤자 공허하게 들릴 뿐이다. 허장성세에 능한 우리 습성에 비추어 볼 때 반드시 지양해야 할 점은 바로 새로운 개념이나 용어를 남발해서는 안 된다는 것이다.

남의 것이 좋다고 해서 남의 것을 추종하는 것은 옳지 않다. 그러나 더 나쁜 것은 남의 것이 좋다고 해서 나를 남처럼 꾸미거나 혹은 그런 남과 나를 동일시하는 것이다. 우리가 나아가야 할 방향은 남의 좋은 것을 내 것으로 만들려는 노력이다. 그리고 나아가서 내가 가진 장점과 더불어 공존하는 법을 배우는 것이다.

412. 정보는 내용을 얻는 것이지만, 지식은 구조와 체계와 방법을 이해하는 것입니다.

413. 정보는 수동적으로 얻지만, 지식은 적극적으로 구해서(재구성해서) 얻습니다.

414. 오늘날은 지식보다 판단이 더욱 중요한 시대입니다.

415. 옳고 정확한 생산적인 판단을 하는 데는, 지식보다는 지혜가 필요합니다.

416. 솔로몬의 과단성 있는 지혜, 콜럼버스의 창조를 위한 파괴적 지혜, 그리고 철저하게 생산적인 '상인의 지혜' 등이 우리를 '판단의 세계'로 다시 이끕니다.

417. 정보도, 지식도, 지혜도 모두 판단을 위한 것입니다.

418. 그리고 판단의 대상이 바로 세계입니다. 우리 인간을 포함한 세계.

419. '세계관'과 마찬가지로, '판단왕'과 '생각 경영'을 시리즈로 연속해서 쓰는 중입니다.

420. 참고로 부조리의 세계에 대해서 잠깐 언급하겠습니다.

세계는 우리에게 어떤 감정도 갖지 않는다.
세계는 그저 있을 뿐이고, 세계는 합리적이지 않다.
세계는 무관심하고 무의미하다.
그런 세계에서 사람은 이유(의미)를 찾는다.
이유를 못 찾으면 못 견뎌하고 분노한다.

괜한 헛짓을 하니까 답답하고 또 화가 나는 거다.

합리성 없는 세계에서 이해를 찾으려니 부조리를 느낀다.

세계 안에서 사람은 무슨 짓을 해도 되는 자유가 있다.

이 무제한의 자유가 부조리를 낳고 구토를 일으킨다. (카뮈, '구토')

421. 모두의 동의를 받기 가장 어려운, '균형의 세계'에 관해서 말씀드리겠습니다.

422. 유학에서 철학적으로 가장 중요하게 여기는 것이 바로 중용(中庸, the middle path, the golden mean)입니다.

423. 불교에서 가르치는 핵심도 중도(中道, the middle of the road)입니다.

424. 아리스토텔레스도 중용(中庸)의 덕을 강조했습니다.

425. 따라서 균형 잡힌 인식과 삶이 얼마나 중요한지는 새삼스럽지 않습니다.

426. 기독교 신약 요한복음 14장엔, "나는 길(via)이요, 진리(veritas)

요, 생명(vita)이다(Ego sum via veritas et vita)"라고 하여 그리스도의 길(road)을 가르치는데, 하나님에 대한 사랑과 이웃에 대한 사랑의 균형을 말합니다.

427. B.C. 17C경 '함무라비 법전' 196조와 200조에는, "만일 사람이 평민의 눈을 상하게 했을 때는 그 사람의 눈도 상하게 해야 하고, 만일 사람이 평민의 이를 상하게 했을 때는 그 사람의 이도 상하게 해야 한다"고 하여, "눈에는 눈, 이에는 이"라는 복수적 형벌의 균형을 나타내고 있습니다.

428. 전 세계가 드라마 '더 글로리'에 환호하는 이유도, '복수'로 이루는 균형 맞춤에의 열망에 부합하기 때문일 것입니다.

429. '정치와 외교의 세계'도 철저한 균형의 세계입니다. 기계적, 평면적 중립이 아니라, 도넛 모양의 토러스(torus, 원환면(圓環面))의 중심축(회전축)을 지켜 내는 일입니다. 결코 이분법적 인식으로는 해결이 불가능한 세계입니다.

430. MZ 세대의 공정 경쟁(fair competition) 문제도 마찬가지로 균형(balance)의 문제입니다. '기울어진 운동장'에서 공정(fairness)이 과연 가능할까요? 능력 경쟁이 가능할까요?

431. 균형 감각(sense of proportion)이 없이도 세계 속에서 생존해서 살아갈 수 있을지 깊은 회의가 듭니다.

432. 균형이 무너진 사회는 결코 지속되지 않습니다.

433. 존재와 시간에 관해서입니다.

434. 영원의 시간의 굴레 속에 갇힌 우리 인간은 세계 내의 존재이며, 결코 외계인(세계 밖의 존재)일 수는 없습니다.

   ※ 하이데거의 '세계 내 존재(in Der Welt sein)'

   • 사물은 존재, 인간은 현존재.

   • 존재(sein) + 시간성(zeit) = 현존재(da sein)

   • 세계 내 존재 = 현존재 = 실재 = 실존 = 각자성

   • 세계 안의 사물을 인식하는 게 아니라,

   • 세계와 나, 타인과 나의 '관계'를 이해하는 것.

   • 나의 한계가 곧 세계의 한계(→ 주관적 관념론)

   • 나의 심려(→ 배려)가 곧 '존재 의미'

   • 본질적 존재 양식은, 공간적 관계에 존재가 아닌,

   • 관심과 배려 관계에서 존재.

435. 따라서 시간에 대한 이해 없이는 세계 또한 이해할 수 없습니다.

436. 세계는 선사 시대와 역사 시대 그리고 미래 시대의 셋으로 구분해 볼 수 있습니다.

437. 즉, 역사 이전의 기록이 없는 시대와, 기록의 역사 시대, 그리고 미지의 영역의 시대가 되겠습니다.

438. 현존해 온 역사 시대는 다시, 농경 시대와 산업 시대, 그리고 곧 도래할 인공지능의 시대로 구별되겠습니다.

439. 농경 시대는 수용의 시대였고, 산업 시대는 도전의 시대였으며, 인공지능 시대는 아직 뭐라고 규정할지 모르는 미결정의 시대로 보면 되겠습니다.

440. 농경 시대는 우리에게 먹을 걸 해결해 주는 대신, 우리에게 자연의 법칙(세계의 법칙)을 수용할 것을 요구했습니다.

441. 인간과 세계는 상호 간에 기브 앤 테이크의 약속이 이루어진 셈입니다.

442. 산업 시대는 도전의 시대이자 파괴의 시대였습니다. 세계를 인간을 위해 일방적으로 이용만 하려고 한 시대였습니다.

443. 상호 간의 약속이 깨진 관계로 기후 위기나 바이러스 팬데믹과 같은 재앙이 덮치고 있습니다.

444. 전쟁과 환경파괴와 인간성 말살과 같은 일들이 세계 곳곳에서 벌어져 왔습니다.

445. 산업 시대가 가져다주는 편리함과 생산의 효율성 등을 위해서 많은 것들을 잃게 된 '잃어버린 시간'이었습니다.

   ※ 부자가 될 수는 있을지언정, 쌓은 돈의 크기만큼 행복하다고 자신할 수는 없겠습니다. 행복이 어떤 건지 모르거나, 행복을 각자의 정의 (def.)대로 생각하고 정당화하려 할 뿐입니다. 즉, 자기합리화로 만들어진 행복입니다.

446. 그리고 마침내 4차 산업혁명기를 맞이하게 되었는데, 이는 미래 시대의 입구에 겨우 서 있을 뿐입니다.

447. 산업화가 탈농업이 아니듯이, 4차 산업혁명 또한 탈산업이 아님

니다.

448. 미중 경쟁을 '탈중국'이라는 잘못된 경제관으로 본다면, 4차 산업혁명을 잘못된 '기계적 관점'에서 인공지능 시대를 바라보게 됩니다.

449. '탈'을 껍질을 벗고 새 시대, 새 옷으로 바꿔 입는 탈(脫)로 봐야지, 남의 것을 빼앗고 없앤다는 탈(奪)로 보아서는 안 됩니다.

450. 산업 시대가 '생산(生産, productive)의 시대'였다면, 인공지능 시대는 '생성(生成, generative)의 시대'로 볼 수 있습니다.

451. '생산과 소비(消費, spend)의 시대'에서 '생성과 소멸(消滅, disappear)의 시대'로 이행하는 것입니다.

452. 여기서 '소멸'은 무엇의 소멸이 될까요?

453. '존재의 소멸'이 될 수도 있습니다. 다른 한편으로는 '신인류의 탄생'이 될 지도 모릅니다.

454. 우선적으로 '인식의 전환'이 있어야겠습니다.

455. 앞으로 세계를 바라보는 키워드는 사람, 변화, 기후 등이 될 것입니다.

- 사람의 문제 : 러시아-우크라이나 전쟁과 3차 세계대전의 위험
- 변화의 문제 : 4차 산업혁명과 그에 따른 노동의 위기
- 기후의 문제 : 기후변화 → 기후위기 → 기후재앙
- 코로나 문제 : 팬데믹과 바이러스 변이
- 환경의 문제 : 일본 후쿠시마 핵원자로 방사능 오염수 해양 방류
- 에너지 문제 : 친환경 에너지 전환(RE100)
- 식량의 문제 : 세계 기후변화에 따른 식량 안보의 위기

456. 인식의 대전환이 꼭 필요한 시대입니다. 즉, 세계의 커다란 변화에 맞춰서 우리의 세계관도 커다란 변화가 있어야 할 것 같습니다.

457. 서양철학사에서는 오래전 인식의 대전환을 가져다주었던 칸트의 '코페르니쿠스적 혁명'이 있었습니다. 이에 대한 제 나름으로 간단히 정리한 글 하나를 소개합니다.

칸트의 '코페르니쿠스적 혁명' (2023.2.23.)

1. 수학적 모형의 이성, 귀납적 모형의 경험, 과학적 모형의 뉴턴 물리학, 이 셋을 모형으로 삼은 것이 칸트 철학이다

2. "난 그녀 없이 살 수 없어"라는 연인의 고백을 칸트에 비유하자면, "경험 없이도 알 수 있어. 이성(그녀)이 있으니까"가 되겠다

3. 'with 경험'과 'before 경험'

   • 선천적 a priori : 경험 이전의(before 경험)
   • 후천적 a posteriori : 경험과 함께(with 경험)

4. 인과관계

   • 인과관계를 경험으로 알 수 없다.(흄)
   • 인과관계는 이성적 판단의 결과로 아는 것.(칸트)

   - 평범한 예 : "모든 변화는 원인을 가져야 한다."

5. "그가 내게 다가왔다"(경험)는 것이지, "그가 내게 다가오지 않을 수 없다"(보편성)는 것은 아니다

6. 우리는 판단을 해서 알 수 있다

7. 판단은 분석적(선천적)이거나, 종합적(경험적)이다

- 오늘 비가 오는 걸 아는 것 : 종합
- 내일 비가 올 것을 아는 것 : 분석

- 하느님이 비를 내리신 것을 안다. → 분석? 종합?

8. 분석 or 종합

- 항상 그렇다고 아는 것 : 분석(이성, 필연)
- 때때로 그렇다고 아는 것 : 종합(경험, 우연)

- 두 점 사이 직선이 최단거리다 : 종합(경험)
- 직선은 최단거리가 아니다 : 분석(이성)

- 직선이란 개념에서 최단 거리를 추출할 수 없다.
- 직선은 질(質)이고, 최단 거리는 양(量)이니까.

9. 분석 and 종합 → '선천적 종합 판단'

- '7 + 5 = 12'는 항상 그렇다. → 분석적
- 7을 알고, 5를 알고, 덧셈 규칙을 알아야 모두를 종합해서 12를 알게 된다.

- 종합적, 여기엔 '직관'이 필요하다.
- 즉, 직관이 있어야 종합이 가능하다.

10. 코페르니쿠스적 혁명

- "공간이 의식을 지배한다." → 수동적 판단
- 판단은 '능동적'이다. → '코페르니쿠스적 혁명'

- 판단 구조 안으로 판단의 대상이 들어오는 것이다.
- 단순히 수동적으로 반응하는 게 아니다.
- 판단은 확장적이다.

- 무질서한 경험들을, 하나로 질서 있게 조직해서
- 통합하려는, '통일'에 대한 자아(自我)의 자의식이,
- 경험의 세계와 의식의 세계에서 동시에 발생한다.

11. 불가지론

- 한계를 모르는 '이성의 독단'을 막고
- 수동적으로 경험에 끌려다닌 흄의 '회의론'을 피해
- 이성의 한계를 정해서, 이를 '규제'하려던 것

- 알 수 없는 것들 : 신, 자유, 영혼불멸
- 알 수 없다는 뜻은, 증명할 수 없다는 것

- 비트겐슈타인, "알 수 없는 것에 대해선 침묵해야"
- 알 수 없는 것에 대한 학문이 '형이상학'

12. 정언명령(kategorischer imperativ)

"왜 진실을 말해야 하며, 왜 잘못된 약속에 포함된 모순을 피해야 하는가?"라는

질문에 대해, 칸트는 다음과 같이 대답한다.

- 사람으로 대접받지 못하고 마치 사물(개, 돼지)로 취급받는 것에 분노하고 저항하게 하는 그 무엇이 우리 주위에 있다.
- 우리를 사람이게 하는 게 이성이다.
- 따라서 이성을 가진 사람은 그 자체로 목적이다.
- 거짓말을 할 때처럼, 다른 목적을 위해 수단으로 이용되어서는 안 된다.
- 때로 이용할 수도 있지만, 사람은 절대적 고유의 가치를 지닌 존재로, 궁극적인 도덕 원리의 기초다.

458. '배신의 계절'입니다. 세계는 지금 '죄수의 딜레마'의 늪에 빠져 있습니다.

459. 세계경제는 앞으로 '잃어버린 10년'을 맞게 될 거라는 경고음이 들려오고 있습니다.

460. 하지만 '죄수의 딜레마'라는 '게임이론'을 대입하면, '잃어버린 20년의 세계'가 될 가능성이 매우 높아 보입니다.

461. 서로를 믿지 않기 때문입니다. 신용위기가 덮친 경제위기 때문이기도 합니다. 미중 패권주의 때문이기도 합니다. 결국 모두가 서로에게 '배신의 시간'을 안겨 주는 시간이 될 것입니다. 어쩌면 긴

시간 오래도록.

462. 경제 성장을 지탱해 주는 생산, 소비, 투자 중에서, 생산과 소비는 대체로 정직합니다. 하지만 투자는 기대(미래)와 믿음(신용)에 기반을 두기 때문에 거품이 끼어 있습니다.

463. 커다란 버블(거품)이 일어났는데, 그런 사실을 모두가 알고 있는 데, 무엇을 믿고 투자를 하겠습니까?

464. 채권이든 주식이든 부동산이든 투자를 활성화한다는 건 뭔가 믿는 구석이 있을 겁니다.

465. 하지만, "곧 괜찮아질 거야"라는 막연한 기대만 있을 뿐, 믿을 구석은 어디에도 없는 것 같습니다. 이미 신용이 무너진 상태인 겁니다.

466. 부동산 시장의 경우, 하나의 법칙이 존재합니다. 이에 대한 제 글 하나를 소개합니다.

부동산의 법칙 (2023.7.28.)

난다 긴다 하는 부동산 전문가들이 나오는 유튜브 방송을 찾아 들어가 여러 번 보다 보니 부동산에 대해 눈이 좀 떠지더라고.

그러다가 법칙을 하나 발견했지.

들어가 살려고 샀든 투자를 위해 샀든, 싸게 샀든, 비싸게 샀든, 공히 집을 산 가격보다 가격이 더 오르길 바라고 샀겠지.

그런데 내 뒤에 사 줄 사람이 없게 되면 그야말로 꽝인 거지. 즉, 거래 소멸이 되면 바로 그런 꼴.

서울의 경우, 한 달 거래 평균이 15,000건 정도인데, 현재 평균 3,000건 정도 거래가 된다니 거래 절벽인 셈.

팔고 싶어도, 가격이 다운되어서 못 팔고, 사려는 사람이 없어서 못 팔고.

심각한 것은, 우리나라 전체 총자산 가운데 64%가 부동산자산에 쏠려 있다는 것. 미국(29%)의 두 배.

그러니 가진 집 하나 날리면 목숨(인생)의 2/3도 같이 날라가는 셈.

더 큰 문제는, 집 살 때 반드시 끼는 대출의 이자가 갑자기 두 배 이상으로 올랐다는 것. "조금만 조금만~" 하고 버티려고 해도 점점 버티기 힘들어졌지. 시간은 내 편이 아니라는 것.

앞으로 나아질 거란 희망의 발목을 잡고 있는 게 바로 부동산 PF대출인데, 여기에 건설사들과 제2금융사들(새마을금고, 증권사, 저축은행, 캐피탈, 보험사)가 모두 엮여 있고, 또 고금리와 미분양에 묶여 있어.

정부가 뱅크런 사태를 두려워해서 건설사들보고 열심히 아파트를 팔라고 하면, 건설사들은 "열심히 하면 우린 다 죽어!"라며 가마니 상태로 계속 분양을 미루고 있지.

자칫 대량 미분양 사태와 계약(입주) 취소 사태가 속출하면 건설사들은 줄도산을 각오해야 해.

건설사들이 줄도산하면, 같이 따라서 사업성만 보고 PF대출을 왕창 해 준 제2금융사들도 줄파산을 하겠지.

대출 이외에 버틸 자금을 마련하려면 기업채권을 발행해야 하는데, 작년 하반기에 강원도 레고랜드 사태(김진태 사태)와 흥국생명 사태로 채권시장이 국내, 해외 모두 말라 버렸지. 한전의 채권시장 싹쓸이까지 더해서.

정부가 만기연장 해 주게 하고 이자 대신 내 주게 하고 있지만, 언 발에 오줌 누기고, 겨우 인공호흡기만 달아 준 셈.

그런데 이게 또 저출산하고도 연결되더라고.

출산율이 2.1 정도가 되어야 현상 유지라는데, 우린 0.78로 세계 꼴찌라는군.

그런데 이게 왜 문제냐?

뒤에 사 줄 사람이 안 생기면 팔고 싶어도 못 파니까. 그러면 부동산 경기는 다운 상태로 계속 이어지니까.

2020년과 2021년 건설사를 소유한 대부분 언론사들이 "벼락거지"와 "영끌족"이란 신조어를 만들어 내서, 2030 세대들을 끌어들여 놓고는, 자기들(주로 70대 눈치 빠른 부동산자산가들)은 싹 빠져나갔다잖아.

전국 부동산 시가 총액이 1경 7,788조 원인데, 이 중 서울, 경기 둘만 합쳐도 1경 원 정도가 된다는군.

개발할 땅의 소유 76%가 법인이라더군. 현대차가 1위인데 24조 원의 땅을 소유하고 있다고. 건설사 시공은 삼성과 현대 합쳐 35조 원 독차지.

그렇다면 저출산을 가장 두려워하는 건, 우리 국민들이 아니라, '토건 카르텔'이라는 거 아닐까?

대기업 건설사들이 거의 독점하다시피 소유한 땅을 개발해서 팔려면, 새로 태어날 제2, 제3의 영끌들이 뒤에서 받쳐 주고 사 줘야 하니까. 애를 안 낳으면 집 사 줄 사람이 안 생기니까.

467. 무너진 시장의 약속(신용)을 살리지 않고선 답이 없습니다. 시장의 자율에 의하지 않고, 관치의 지배와 억압으로써는 잠시는 효과적이더라도 부분적 일시적 효과만 있을 뿐입니다.

468. 세계는 약속의 세계임을 다시 확인합니다. '전쟁과 평화'의 약속은 과연 어떨지요.

469. 미국의 아킬레스건이 드러났습니다. 중국의 시진핑과 사우디아라비아의 빈 살만이 폭로한 셈입니다.

470. 앞으로 미국이 걸어야 할 험난한 길이 예정되고 있습니다.

471. 세계를 전쟁과 평화의 두 세계로 구분해서 바라보겠습니다.

472. 전장은 쌍방 파괴의 장입니다. 유일하게 일방 파괴가 일어난 이라크 전쟁 같은 건 미국에게만 해당됩니다. 핵전쟁이 아닌 한 지금까진 그랬습니다.

473. 1974년 미국과 사우디아라비아가 약속한 이래 '페트로 달러 시대(달러패권 시대)'가 열렸습니다. 미국이 사우디아라비아에게 "너희를 지켜 줄게"라고 약속한 겁니다. 물론 전쟁 상황을 전제로 한 약속입니다.

474. 그 대가로 미국은 사우디아라비아로부터 석유 결제는 오직 달러여야 한다는 약속을 얻어 냈습니다. 이른바 '페트로 달러(오일 달

러)'란 것이 탄생하게 된 계기였습니다.

475. 사우디아라비아를 반원 형태로 둘러싼 예멘, 이란, 이라크, 시리아의 '시아파 초승달 벨트'로부터 미국이 사우디아라비아의 '안전보장'("지켜 줄게")을 해 주는 대가였습니다.

476. 그런데 지난달 시진핑은 수니파 대장 격의 사우디아라비아와 시아파 대장 격의 이란과의 중재를 성공시켰습니다.

477. "미국이 사우디아라비아를 지켜 줄게"에서, "이란이 사우디아라비아를 공격 안 할게"로 대신한 겁니다. 이 약속을 중국이 보증해 준 셈입니다.

478. 두 가지 의미 변화가 있습니다.

479. 첫째는, 전쟁을 전제로 한 약속에서 평화를 전제로 하는 약속으로 바뀌었다는 점입니다.

480. 둘째는, 페트로 달러 시대의 종언을 알리는 계기가 됐다는 것과, 페트로 위안화 시대가 열릴 가능성이 생겼다는 점입니다.

481. 달러의 힘과 이를 뒷받침하는 미 군사력의 단단한 연결이 느슨해지고 말았습니다.

482. 전쟁으로 피를 먹고살던 미국의 힘이 중동 지역에서 목표와 방향을 상실한 결과가 되었습니다.

483. 그 원인은 오바마, 트럼프, 바이든으로 이어지는 미국의 힘에 대한 과신이었을 겁니다.

484. 이미 엎질러진 물을 주워 담기에는, 미국으로서는 불가역적 오판과 오만으로 인한 실수가 너무 누적되면서 커져 버렸습니다.

485. 우리에겐, 하노이 북미회담의 실패가 뼈아픕니다.

486. '명분과 이익'에 관해서 살펴보겠습니다. 커다란 이익에는 반드시 명분이 필요합니다.

487. 가령, 길에서 100원을 주울 때는 굳이 명분을 필요치 않습니다. 만 번을 주워도 별 문제가 안 생깁니다. 그러나 100만 원을 주우려면 명분이 필요합니다. 나아가 100억 원, 100조 원을 주워 오려 한다면 확실한 명분이 없으면 큰 탈이 납니다.

488. 구멍가게에 진열된 과자와 사탕에는 칼로리와 성분 등이 표시되지 않을 수 있지만, 백화점에서 그런 표시가 없는 부지불명의 상품을 내놓으면 문을 닫게 됩니다.

489. 양아치가 주먹을 휘두르며 삥땅을 쳐도, 거대한 조직에서는 명분 없이 주먹을 휘두르면 조직 자체가 무너질 수 있습니다.

490. 규모가 커지거나 지위가 높아지면, 그에 준하는 크기의 명분이 꼭 필요합니다. 명분 없는 지시나 명령은 뒷날 반드시 탈이 나게 되어 있습니다.

491. 대국이 명분 없이 소탐대실하는 경우가 종종 있습니다. 약소국들이나 하는 짓을 하게 될 때 말이죠. 망신살이 뻗치는 일이 되고, 반복하게 되면 중소국으로 쇠락할 수도 있습니다.

492. 미국은 점차 명분을 잃어 가고 있으며, 반면에 중국은 명분을 쌓아 가는 중으로 보입니다.

493. 브라질, 러시아, 인도, 중국, 남아공 등의 브릭스(BRICS) 5개국에서, 2023년 8월 22~24일 남아공 요하네스버그에서 열린 브릭스 정상회의에서 사우디아라비아, 이란, 아랍에미리트, 아르헨티나,

이집트, 에티오피아 등 6개국을 회원국으로 가입을 승인함으로써 11개국으로 늘어났습니다.

494. 인구수 총합에서는 물론이고, 이 브릭스 11개 회원국들의 GDP 총합이 G7 회원국들의 GDP 총합을 넘어섭니다.

495. 달러의 지위가 내려가고, 위안화가 국제적 입지를 높인다면, 국제적 명분 싸움에서 미국이 중국에 지는 것으로 봐야 합니다.

496. 우리나라 대기업들이 하청업자들에게 단가를 후려치는 갑질도 명분 없는 짓입니다. 덩칫값을 못하는 짓이죠. 기업 성장에 한계가 있게 마련입니다.

497. 한때 잘나가던 일본이 "경제동물"이란 국제적 비난의 소리를 들었던 것도 이익만을 추구하면서 명분을 얻지 못했기 때문입니다.

498. 당장의 이익은 클지 몰라도 장기적으로 보면 명분을 쌓는 것보다 못합니다. 더 큰 규모로 성장하거나 더 높은 곳에 오르거나 더 큰 존재감을 얻으려고 한다면 말입니다. 그래서 견리사의(見利思義)란 말이 생겨났습니다.

499. 정치인들에게는 무엇보다 중요한 게 명분입니다. 김기현 국민의
힘 당대표가 "땅기현" 소릴 들으면서 조롱을 당하는 것도 명분 없
이 땅투기를 했기에 대중들로부터 정치적 사망선고를 받은 셈이
됐습니다.

500. 명분이 있다 함은, 하려는 일에서 그 이유를 떳떳하게 밝힐 수 있
어야 한다는 뜻입니다. 이해충돌의 의혹에서도 자유로워야 합니
다. 그리고 이익보다는 대의를 따른다는 것이기도 합니다. 그래
서 명분을 대의명분(大義名分)이라 말하는 것입니다.

501. '중국철학사'에서 풍우란 교수가 "의(義)가 무엇인가?"라는 서양
인들의 질문에 영어로 "doing for nothing", 즉 '대가나 보상을 바
라지 않는 행위'라고 설명해 주었다는 일화가 나옵니다. 'give and
take'의 이익적 행위만 알고 있던 그들에게 '명분 있는 행위'가 의
(義)라고 설명해 준 것입니다.

502. 이익과 명분이 충돌했을 때, 평범하고 소박하게 살고자 한다면
이익을 취할 수도 있겠지만, 큰 꿈을 이루고자 한다면 명분을 취
하는 게 정답입니다.

503. 전투적으로 사는 삶은 더 큰 전쟁을 못 보는 장님인 셈입니다. 마

치 하루살이 인생과도 같습니다. 만일 미국이라는 초강대국이 일을 처리함에 있어서 대범하지 못하고 그때그때 상황에 따라서 전투적으로 대응한다면 초강대국으로서의 지위를 스스로 내려놓는 결과가 됩니다.

504. 미국을 추월하려던 일본이 플라자합의(1985)에 스스로 굴복했던 것은 명분을 쌓지 못했기에 반박과 저항의 이유조차 못 찾았던 결과입니다.

505. 대한민국은 현 정부에 들어와 국가의 명분을 스스로 내팽개치고 있습니다.

506. 일본의 핵폐수 해양 방류 문제에서도, 강제징용과 위안부 배상 문제에서도, 동해/일본해 표기 문제에서도, 야스쿠니신사 참배 문제에서도, 독도 영유권 문제에서도, 현 정부는 저항은커녕 해야 할 말도 못하고 침묵으로 오히려 동조하는 모습을 보이고 있기 때문입니다.

507. 정당화되지 못하는 힘의 사용과 투명하지 못한 이익의 추구는 결코 지속될 수 없습니다. 이유가 있어야 하고 정당화될 수 있어야 한다는 것이 바로 명분입니다.

508. 공직에 있으면서 공익을 위해 봉사하면 명분을 지키는 일인 것이고, 사익을 좇으면 명분을 잃는 일입니다.

509. 명분이 현재의 이익을 보장해 주진 못해도, 명분 쌓기는 미래에 더 큰 이익을 얻을 기회를 보장해 줍니다. 이것은 우리가 속해 있는 사회공동체가 주는 약속입니다. 나아가 가장 큰 공동체는 기후위기에 공동으로 대응하는 '인류공동체'입니다.

한 소설작가님으로부터 '세계관'에 대한 조언의 말씀을 청했고 바쁘신 와중에도 시간을 내주셔서 읽고 귀한 조언을 해 주셨습니다.

비평과 조언 속에 다음의 세 개의 키워드를 남기셨습니다.

- 작가의 가치관은 뭔가?
- 무엇을 말하고자 하는가?
- 전문 글쓰기와 접근법

그래서 곰곰이 생각을 해 보았습니다.

첫째, '세계관'을 통해서 나는 무엇을 말하고자 했는가?

답은 명확합니다. '관계'와 '약속'에 관해서입니다.

갈등, 적대, 차별, 분노 등을 낳는 사람들 사이에서의 관계와, 불안, 구토 등의 '부조리'를 낳는 세계와의 관계에 관해서 정치, 경제, 사회,

철학 등 이것저것 가져다 나열하는 식으로 나름의 해석을 거기에 덧붙였습니다.

다음으로, '관계와의 약속'에 대해서도 중요하게 다루었습니다. 과거, 현재, 미래에서의 관계들, 정치계, 종교계, 경제계 등에서의 약속 파기가 낳는 결과들을 염두에 두고, 본질적으로 세계는 약속 아닌 것이 없으며, 약속 없는 관계도 존재할 수 없음을 서툰 솜씨로나마 증명해 보고자 했습니다.

둘째, 저의 가치관은 과연 어떤 것인가?

기본적으로, 사람은 값으로 매겨져서는 안 된다는 것이 저의 생각이고 가치관인 것 같습니다.

또한, 값(크고 작음)을 측정하는 도구 대신, 가치(옳고 그름)를 묻고 따져 가는 논리적 도구를 대신 사용했습니다.

다만, 오지랖 넓게도 논리·철학적 가치를 경제적, 정치적 가치에도 적용해 보려 했던 흔적들을 남겼습니다.

변명을 하자면, 세계관 속엔 이미 가치관이 들어 있습니다. '세계를 어떻게 보는가'에 관해서라면, 마치 거실과 주방과 화장실과 베란다 등을 보여 드림으로써 저의 집을 보여 드린 것과 같은 효과를 낼 수 있다는 생각이었습니다.

셋째, 어떤 접근 방법으로 독자에게 다가가려 했는가?

소설이나 에세이 등에 관한 전문 글쓰기를 배운 적은 없으나, 새삼 글쓰기를 다시 배운다는 게 저로선 부자연스럽고 불필요하다는 생각도 있었습니다. 굳이 형식에 얽매일 이유를 못 찾았습니다.

생각해 보니 저의 접근법은 높이 탑을 쌓기보다는, 넓게 펼쳐 놓는 스타일이 아니었던가 싶습니다.

반면에, 간결하고 명쾌한 설명과 독자적인 해석을 통해서, 독자와의 질문-대답, 변증론적, 심적 대화를 책략적으로 꾀했다는 점도 있습니다.

마지막으로, 귀납적 세계와 연역적 세계의 분리와 조명을 통해, 그로부터 파생되는 문제들과 해법들이 각기 어떻게 다를 수 있는지를 보여 드리고 싶었습니다.

그래서 한편으로, 우리들의 앎(지식)과 믿음(확신)이 얼마나 단단한

지에 대해서도 독자들로 하여금 비판적으로 다시 점검해 보기를 기대
했습니다.

'세계관'은 '미완성의 책'임이 분명합니다. 이 글을 쓸 때부터 결코 완
성될 수 없는 책이란 걸 각오하고 썼습니다. 그래서 이 책 '세계관'은
기승전결이 없습니다.

여적이지만, 이 글이 책으로 출간된다면, 서울역 대합실에서 책을
사서 부산역에 도착할 때쯤엔 책의 마지막 장을 넘기는 유쾌한 책이
되기를 바라는 동기가 있었습니다.

The End

세계가 있고, 그 세계를 바라보는 눈이 있고, 그 눈을 지닌 사람이 있습니다.

세계는 커다란 수수께끼이며, 세계를 문제로서 보는 눈이 있으며, 문제를 해결하려는 의지를 가진 사람들이 있습니다.

문제는, 위험에서 벗어나려는 문제와, 이익을 취하는 문제들로 갈립니다.

위험이 도사리는 세계는 골칫덩어리의 세계이고, 이익을 가져다주는 세계는 탐욕을 일으키는 신비의 세계로서, 그것을 바라보는 눈(관점)에 의해서 세계를 인식하고 결정합니다.

세계를 보는 눈이 점점 정교해지고, 인식의 지평이 넓어지면서, 사람들은 욕망을 계속 키워 갑니다.

마침내 심연의 바다와 광활한 대지와 머나먼 우주에 이르기까지, 우리의 눈이 미치지 않는 곳이 거의 없어지게 됩니다.

　시나브로 위험들이 잊히고 이익만을 추구하면서 문제해결의 수단과 도구들은 모두 돈으로서만 치환시킵니다.

　만능의 문제해결사인 돈을 숭배하기에 이르는 자본주의 경제학과 물질적 성장주의(팽창주의)가 정신을 지배합니다.

　가치와 돈을 교환할 수 있다고 여기고, 가치도 상품으로 포장해야 한다는 가치전도가 일어나며, 세계를 보는 우리의 눈은 점점 변해 갑니다.

　그러다가 일본 후쿠시마 원전 폭발 사고와 핵방사능 유출이 일어나, 후쿠시마 원전 주변 반경 150km 이내에는 사람이 접근해서 살 수 없게 됐습니다.

　코로나 팬데믹이 일어나, 미국에선 7조 달러(9,000조 원)의 돈을 풀어서 문제를 해결하려 했지만, 미국에서만 100만 명 이상의 코로나 사망자가 발생했습니다.

　급격한 기후변화로, 세계 곳곳이 찜질방처럼 열대야로 변하고, 다른 곳에서는 집중 호우와 홍수가 덮쳐 도시를 물에 잠기게 합니다.

미래 예측을 할 때, 미리 알면서도 당하는 것을 '회색 코뿔소'라 하고, 예기치 않게 모르고 당하는 일을 '블랙 스완'이라고 합니다. 기후위기가 '회색 코뿔소'라면, 코로나 팬데믹은 '블랙 스완'에 해당되겠습니다.

결코 돈으로는 해결할 수 없는 문제들이 세계를 만만하고 안이하게 바라보던 우리의 영악한 눈을 짙은 안갯속에 가둡니다.

또 한편으로는, 돈에 치여 메말라 버린 인성이 혼란을 틈타, 문제를 해결하려는 의지를 꺾어 버리면서, 세계지도(지구촌) 대신 세계지옥도(지옥촌)를 펼쳐 보여 줍니다.

세계를 망가뜨린 것은 세계를 보는 우리의 눈이었습니다. 이익에만 눈이 멀어, 미처 위험을 망각했기 때문입니다.

위험을 경시하고 위험에 대비하지 않는 이익과 욕망의 끝없는 추구는 결국은 부메랑이 되어 재앙을 초래합니다.

이제 기존의 세계관을 바꿔야 살아남을 수 있습니다. 문제해결의 유일한 수단이 되다시피 했던 돈으로서는 결코 해결할 수 없는 세계라는 걸 새삼 가슴 깊이 새겨야 합니다.

"역사란 현재와 과거와의 끊임없는 대화"라는 E. H. Carr의 역사관을, 제가 말하고자 하는 세계관에 대입한다면, '세계관은 현재와 미래와의 끊임없는 대화'라고 생각합니다.

세계관
WORLDVIEW

ⓒ 김준모, 2023

초판 1쇄 발행 2023년 10월 24일

지은이   김준모
펴낸이   이기봉
편집   좋은땅 편집팀
펴낸곳   도서출판 좋은땅
주소   서울특별시 마포구 양화로12길 26 지월드빌딩 (서교동 395-7)
전화   02)374-8616~7
팩스   02)374-8614
이메일   gworldbook@naver.com
홈페이지   www.g-world.co.kr

ISBN   979-11-388-2402-6 (03300)